14%

34%

16%

股票投资
技术精解
——短线实战操作训练手册

刘德红 白 光◎著

此轮行情最新个股走势分析
实操性最强的选股买股方法

经济管理出版社
ECONOMY & MANAGEMENT PUBLISHING HOUSE

图书在版编目（CIP）数据

股票投资技术精解/刘德红，白光著 . —北京：经济管理出版社，2015.7
ISBN 978-7-5096-3849-1

Ⅰ.①股…　Ⅱ.①刘…　②白…　Ⅲ.①股票投资—基本知识　Ⅳ.①F830.91

中国版本图书馆 CIP 数据核字（2015）第 147421 号

组稿编辑：郭丽娟　王　琼
责任编辑：王　琼
责任印制：黄章平
责任校对：雨　千

出版发行：经济管理出版社
　　　　　（北京市海淀区北蜂窝 8 号中雅大厦 A 座 11 层　100038）
网　　址：www.E-mp.com.cn
电　　话：（010）51915602
印　　刷：三河市聚河金源印刷有限公司
经　　销：新华书店
开　　本：720mm×1000mm/16
印　　张：17.5
字　　数：305 千字
版　　次：2015 年 10 月第 1 版　2015 年 10 月第 1 次印刷
书　　号：ISBN 978-7-5096-3849-1
定　　价：48.00 元

序　言

作为投资者，大家一定要知道股票市场投资的核心是什么。因为在这个激烈搏杀的市场中，投资者都是针锋相对的。股票的差价是大家盈利的来源，但这种差价绝不是天上掉下来的馅饼，而是对手亏损的钱。

要想成为股市中的成功者，你不必急于赚钱，当然到这个市场来的人都是想赚钱的，没有一个人是为了亏钱而来的。要学会用正常心态面对这个市场，不要总是盯着自己股票的K线图，使心跳随着心电图似的K线图波动，患上"股市焦虑综合症"。学会股票投资技术分析的精髓至关重要，"把握趋势、波动盈利"就是股市中投资赚钱的"撒手锏"。

自2014年11月20日开始，在这一轮轰轰烈烈的"疯牛行情"中，很多人"满仓踏空"。12月22日，时逢冬至，大盘一度暴涨近3%，逼近3200点。不过，投资者出现了"二八"分化现象，多数股民赚了指数没赚钱，股民苦笑，牛市赔光熊市赚的钱。当A股从"熊"冠全球逆袭为"牛"冠全球，2015年却遇到了前所未有的"牛熊混合市"，牛市亏钱或成为股市新常态。

2015年1月19日，沪深股指大幅低开，而后呈震荡下跌走势。截至收盘，沪指跌7.70%，报3116.35点，创下自2008年6月10日以来最大单日跌幅。两市共152只非ST个股跌停，近2000家个股下跌，金融板块几乎全部跌停，俗称"1·19惨案"。事实上，比这还惨的惨案并不新鲜——即便在牛市中。例如，2007年5月30日开始的5个交易日中最大跌幅达到21%；1996年12月12日开始的4个交易日最大跌幅达到28.5%，此后牛市依旧——哪怕牛市中也有被洗劫的可能，甚至今年就可能会发生类似的一幕。

在这一波蓝筹股牛市中，还是有很多机会和前兆的，我们发现从2013年6月25日四川长虹（600839）创出该股历史最低价1.67元以后，一路上涨，

2014 年 11 月 5 日达到 5.76 元的本波上涨行情的最高价（见图 1），像四川长虹这样的老牌蓝筹股的先期启动，可以看作本轮行情的一个先兆，类似的还有东方电子（000682）等老牌蓝筹股。

图 1　四川长虹一路呈上涨走势

　　要想在一轮大牛市中有所斩获投资者必须要有耐心，股语说：手中有股，心中无股；手中无股，心中有股。也就是说，我们要克服这种自己账户里有股票的日子，天天心里不踏实；账户里没有股票的日子，天天心里空落落的，生怕踏空的心态。

　　2014 年 10 月下旬开始在沪深 A 股市场掀起了炒作"一带一路"题材的热潮，中国交建（601800）率先启动，从 2014 年 7 月 9 日的最低价 3.55 元，至 12 月 22 日最高涨到了 15.72 元的历史新高。从该股的 K 线图（见图 2）可以看出，2012 年 3 月 9 日挂牌上市以来，从第一天的最高价 7.09 元，一直盘跌，2013 年 6 月到该股腾飞之前在 4 元左右横盘整理达到一年之久。同一题材的中国铁建（601186）、中国电建（601669）、中国建筑（601668）等走势都大同小异。这些案例帮助投资者理解什么是定力，只有耐心持有才能获得非常丰厚的回报。

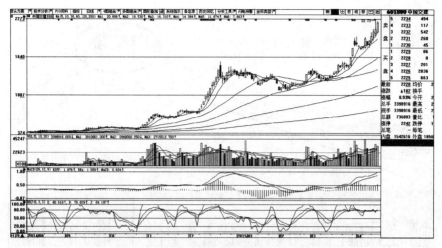

图2 中国交建长期盘整后呈快速上涨走势

在这个充盈着金钱的市场中，有你有我，也有机构庄家；有着平等交易，也有着阴谋陷阱，但这一切终究会反映在股价波动上，反映在一根根K线上，最终反映在我们的账户中。

任何事情都是有规律可循的。从几百年前的郁金香泡沫、南海泡沫，到近年的纳斯达克泡沫、2007年中国股市泡沫，都上演着一出出似曾相识的故事，所有的故事都包含着四个乐章——沉寂、复苏、疯狂、破灭，循环往复，与世长存。这就是我们耳熟能详的那句话：历史会重演。总有无数的图表是相似的，我们会在后续章节中详细介绍这一条。

本书是以技术分析为主线的，目的是让投资者通过技术分析来控制风险、抓住盈利的机会。相比于基本分析，技术分析具有其独特的优势：直接反映市场的股票交易价格和成交量，从股票价格和成交量中把握赚钱的机会。

此外，我们还需要结合更大的背景。技术分析向来有长线护短原则，即长期趋势会在很大程度上影响着短期走势。如果短期趋势与长期趋势相悖，只要长期趋势未发生改变，短期趋势也会被拉回到长期趋势中。

在图3中显示的是日K线。比日K线图大一个级别的，自然就是周K线图。在图4中我们可以看到，2009年只是针对2008年大熊市的一个超跌反弹，无论从力度还是幅度上都与2008年的下跌相去甚远，不足以改变大趋势。加之反弹途中碰到0.382的黄金分割带，说明到达了反弹的目标点位之一，之后会遇到黄金分割的压力。因此，图3中日线的上升趋势不容过度乐观。再加

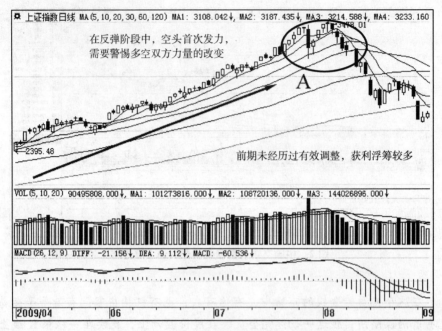

图3　上证指数 2009 年 4~8 月日 K 线图

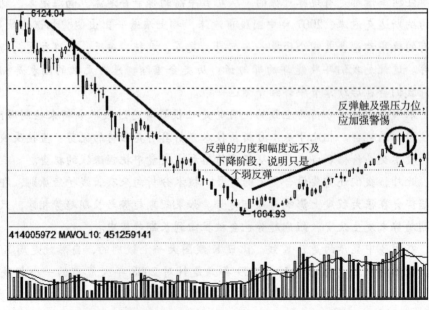

图4　上证指数 2007 年 9 月~2009 年 8 月周 K 线图

上这轮反弹从 2009 年 3~9 月从未出现过大的调整，一旦出现回跌恐怕跌幅会相对较深。此时，日 K 线图的长阴黑 K 线暗示着上升动能已然不稳，周 K 线图又遇到了大级别压力位，不由得让作者加强了警惕。而这种不安很快得到了印证，就在红三兵之后，日 K 线上出现了七连阴的下跌走势，而且以一根大阴线击穿前期低点（见图 3 的 "A"），宣告着大幅调整的到来。此时，大势已经由多头占优转变为多空争夺、宽幅整理。而指数的彻底转熊大约在半年以后，同样也是有迹可循的，我们将在后文中加以探讨。

以上我们运用了市场中的一个案例来说明技术分析不能仅停留在某些 K 线、某个局部来做片面的分析，而应具有全局的眼光，洞悉价格变动的内在规律：多空双方的争夺，要从双方力量的此消彼长来解读各种技术图线，而不应该单纯地以图论图，以线论线。同时，还应该尽可能地多结合几种技术分析方法来多方面地看待问题，避免片面、孤立的观点产生。

这些内容说起来容易做起来难，市场上相关书目并不多见。但幸运的是你买到了这本书，笔者愿意运用大量的篇幅传授给你这一切。为了避免冗长和枯燥，我们尽量用实例的方法来讲解技术组合，并将理论适当地穿插其中，供读者参考。本书主要面向有一定技术分析、追求更上一层楼的读者朋友们。

目　录

第一章 K线与形态学——把握变盘更胜一筹

从单根 K 线,可以看出一天股价走势的强弱:大阳线代表多头强势,大阴线代表空头强势,十字星代表多空双方交战不分胜负,上影线体现出上方压力,下影线体现出下方支撑……

从多根 K 线组合,可以看出几天之内多空双方交战的结果:启明星代表空头转多头,向上跳空代表行情强势,孕线说明行情趋于整理,断头铡则是行情迅速转空的提醒……

再放大一个层级,得出的又会是什么呢?那就是形态。例如,头肩底、头肩顶、双底、双顶、三角整理、旗形整理等,如此种种,不一而足。

总言之,任何形态中都包含着为数众多的 K 线。K 线是形态的基础,形态是 K 线的总体。如果在分析形态的同时加入针对 K 线的思考,可能会事半功倍。

为确保读者能够充分了解我们的案例内容,从本章开始我们会在每一个案例前介绍一下后续会涉及的技术图形——只做一般意义的解释,具体的细化将在案例中展开。在前几章,图形介绍会稍多一些,待读者的积累不断增加,在后几章会逐渐减少。

第一节 K线与双底

(一)图形介绍

1. 大阳线

此种图形(见图 1-1)的最高价与收盘价相同,最低价与开盘价相同,上下没有影线。从一开盘,买方就积极进攻,中间也可能出现买方与卖方的斗争，但买方发挥最大力量，一直到收盘买方始终占优势，使价格一路上扬，直至收盘。这种图形代表强烈的涨势，股市呈现高潮，买方疯狂涌进，不限价买进。握有股票者，因看到买气的旺盛，不愿抛售，出现供不应求的状况。

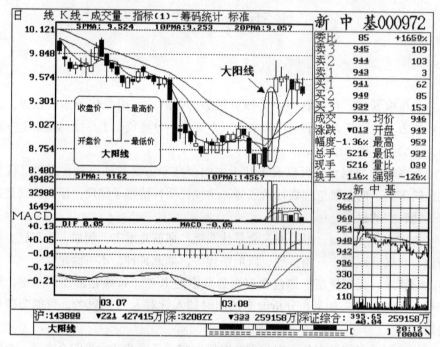

图1-1 大阳线

大阳线关键在于这个"大"字，越大，多头势力越强。假如只是一根涨幅1%、上下没有影线的阳线，显然跟"大"字无缘，不能说明多头发力，忽略掉即可。

当然，如果阳线足够大，如上涨6%、8%之类的，就算带有很短的影线也无妨。K线不是用来欣赏的油画，而是用来对比多空双方力量的沙盘。只要能明确地反映出多头强盛，不太标准也无妨。

2. 跳空

跳空是指价格向某一方向急速运动时没有成交量的一段真空区域。跳空缺口分为普通缺口、突破性缺口、持续性缺口以及消耗性缺口四种。

（1）在震荡中很快被完全回补的缺口是普通缺口，没有太大的技术含义。回补是指当天或后续K线又回到了跳空的区域当中，留下了实体或影线。

（2）如果这个缺口刚好发生在某个形态中、某条重要的压力线上，而且短期内没有被完全回补，是突破性缺口，说明行情已经突破变盘，如果向上，则是很好的买入点。

（3）持续性缺口一般发生在某个强势行情的中段，有时候可能会出现多个，其后一般会出现大阳线等表示行情强烈的技术图形。

（4）消耗性缺口一般发生在强势行情的末端（而不是震荡行情当中），其特点就是很快会被完全填补，说明行情已经进入尾声，调整在即。

虽然突破缺口和持续性缺口表现得较为强烈，而普通缺口和消耗性缺口则显得偏弱一些。但不论何种缺口，在分析中都应视其为一个支撑或压力点位。

例如，在图 1-2 中就一次性地展现出了这四种缺口。

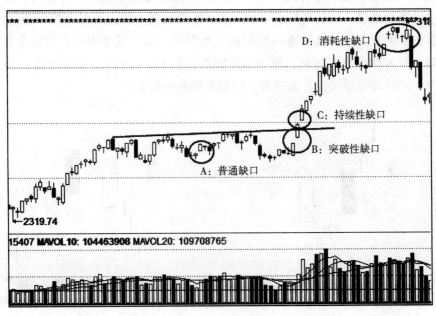

图 1-2　四种缺口

缺口 A 处于盘整当中，而且两天后就被填补，是一个普通缺口，没有太强的技术意义。

在出现缺口 B 当天，一根中阳线就上破了盘区整理上轨，形成突破，而且未被回补。这是一个突破性缺口，是行情爆发的起点，应该大胆买入。

就在第二天，出现了另一个缺口 C。这个缺口出现在行情强势运行期间，代表着行情将会持续下去，是一个持续性缺口。看见了它应该大胆持股。

之后，缺口 D 很快就被填补，说明这是一个消耗性缺口，上升力道已被完全消耗，行情将会转折向下。因此，这是一个强烈的卖出信号——在它之后大盘阴雨连绵地跌了 3 个月。

3. 启明之星与黄昏之星

启明之星和黄昏之星的基本形状如图 1-3 和图 1-4 所示。启明之星开始是一根长阴线；第二天的小实体显示了不确定性；第三天价格迅速拉升，显著的趋势反转已经发生。黄昏之星的情况与启明之星正好相反，是上升趋势反转的组合形态。在两根大 K 线之间，也可能会出现两根或三根的小实体 K 线，这都是允许的。需要注意的是，最后一根 K 线决定着形态的强度，实体越长、上（下）影线越短、带有跳空缺口的话，图形的准确率越高，即这两种形态强度主要由最后一根 K 线决定：如果实体还没有到达第一根 K 线的一半位置，不具备太大意义；如果与第一根 K 线大致等长，属于基本图形；如完全超越了第一根 K 线的交易区间，属于强势图形，技术含义较高。如果有着一定的跳空，同样说明多（空）方强势，增加图形的可信度。

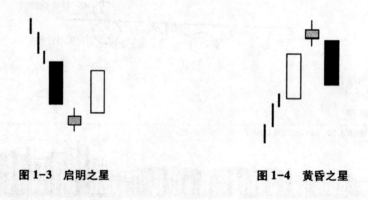

图 1-3　启明之星　　　　　　　　　　图 1-4　黄昏之星

还需要说明的是，每种技术分析都有它特定的适用范围。用 K 线来分析短期波动准确率较高，某个 K 线组合出现后只会对之后的若干根 K 线造成影响，难以改变中长期格局。唯一的例外是突破性缺口、持续性缺口、消耗性缺口会具有一定的中期意义。

4. 红三兵、强弩之末和三只黑乌鸦

红三兵的基本图形如图 1-5 所示。如果在下降很长时间后出现，是反转的信号。A 股市场中的红三兵多会留有缺口。

强弩之末是发生在上升趋势末期，基本图形如图 1-6 所示。跳空缺口意味着多头发力，却只刷出一根小实体 K 线，像是在跳空中耗尽了最后一丝气力，带有多头力竭的含义。因此，强弩之末展现出了上升趋势的弱化。从图形上看，强弩之末是黄昏之星的"前奏曲"。上升过程中，强弩之末出现得越晚，走势已到"强弩之末"的含义就越强。

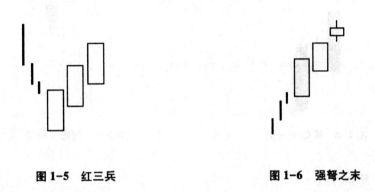

图 1-5　红三兵　　　　　　　　　　　图 1-6　强弩之末

三只黑乌鸦发生在上升趋势末期，基本图形如图 1-7 所示。三只黑乌鸦呈阶梯形逐步下降，明确的趋势倒向了下降的一边。

图 1-7　三只黑乌鸦

5. 两阴夹一阳和两阳夹一阴

顾名思义，两阴夹一阳就是两根阴线之间夹杂着一根阳线，基本图形如图 1-8 所示。其过程中，先是空头发力留下一根大阴线。之后多头反击，留下一根阳线，但只是昙花一现。随后，空头再次取得了优势，留下另一根大阴线，行情再次向下。出现这个 K 线组合，后市以看跌为主。同样地，阴线越长、阳线越短、出现向下跳空缺口的话，下跌的信号就越强。

两阳夹一阴与此正好相反，是由两根大阳线夹着一根阴线的图形，预示着行情上扬，基本图形如图1-9所示。

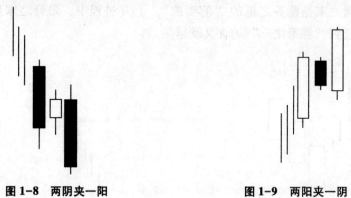

图1-8　两阴夹一阳　　　　　　　　　图1-9　两阳夹一阴

6. 下降插入线

在持续下跌中突然出现一条低开高走的阳线，为卖出时机，股价将继续下跌。下降插入线（见图1-10）的本质依旧是两阴夹一阳，但它的下跌力道要弱一些，原因是阳线相对较大、阴线相对较小。但无论如何，这仍是种看跌线性。

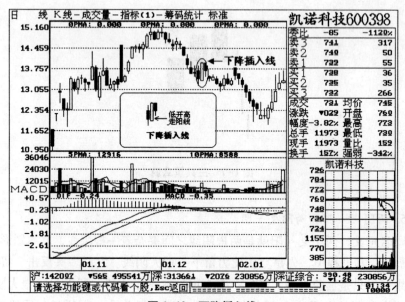

图1-10　下降插入线

7. 双重顶（底）

双重顶（见图 1-11）和双重底（见图 1-12）就是众所周知的 M 头和 W 底，也是两种十分常见的反转形态。双重顶（底）一共出现两个顶（底），也就是两个相同高度的高点（低点）。下面以 M 头（见图 1-11）为例说明双重顶形成的过程。

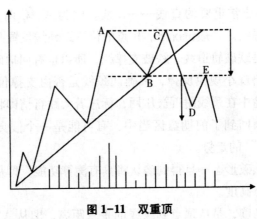

图 1-11　双重顶

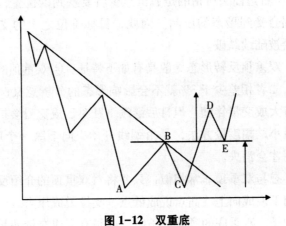

图 1-12　双重底

在上升趋势的末期，股价急速上升到第一个高点 A 处之后受阻回跌，在峰顶处留下大成交量。受上升趋势线的支撑，这次回档将在 B 点附近停止，成交量随股价下跌而萎缩。往后就是继续上升，股价又回至前一峰顶附近 C 点（与 A 点几乎等高），成交量再度增加，却不能达到前面的成交水准，上升遇到阻力，接着股价掉头向下，这样就形成 A 和 C 两个顶的形状。

M头形成以后，有两种可能：第一，未能突破B点的支撑，股价在A、B、C三点形成的狭窄范围内上下波动，演变成后文中将会介绍的矩形。第二，突破B点的支撑位置继续向下，此时，双顶反转正式成立。在破颈之前双顶（底）形态都是不成立的，只能看作雏形而已。

以B点作平行于A、C连线的平行线（图1-11的上半部分中第二条虚线），就得到一条非常重要的直线——颈线。因为A、C两点高度大的相等，颈线一般都是水平线。一般情况下，B点的位置跟颈线位置差不多。

跌破颈线就是跌破轨道线、跌破支撑线，所以也有回抽确认的问题，即价格跌破颈线后会出现小规模反弹，来确认颈线是否由支撑位演变为压力的作用。如果在反弹途中在颈线附近被压回，标志着大跌行情即将开始；如果反弹突破了颈线，重新回到了前期盘区当中，有可能是一个假突破，有可能出现"假突破、真拉回"的走势。

双重顶反转跌破形态一旦得到确认将具有测算功能，即从跌破点算起，股价将下跌一个形态高度。

这里的形态高度，是从顶点到颈线的垂直距离，即从A或C到B的垂直距离。图1-11中右边箭头所指的是股价至少将要跌到的位置，在跌至目标价位之前，价格都会受到形态的压制。因此，目标价位之上的支撑都变得不可信——很可能会被陆续跌破。

总结起来，双重顶反转形态一般具有如下特征：①双重顶的两个高点不一定在同一水平，二者相差少于3%就不会影响形态的分析意义；②向下跌破颈线时，不一定有大成交量伴随，但日后继续下跌时，成交量会扩大；③双重顶形态完成后的最小跌幅度量方法，是由颈线开始，向下跌一个形态高度之后，形态的助跌作用才会消失。

双重底的形态与双重顶非常相似，只要将对双重顶的介绍反过来叙述就可以了。比如，向下说成向上，高点说成低点，支撑说成压力。

需要注意的是，双重底的颈线突破时，必须有大成交量的配合，不然可能成为假突破。

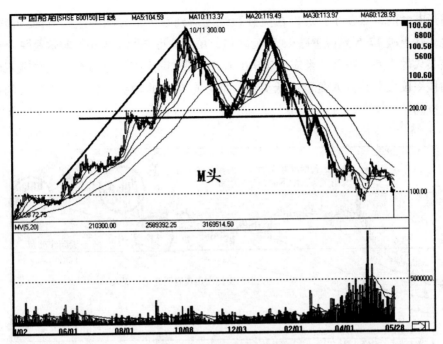

图1-13 M头的实战示例

图1-13说明：中国船舶（600150），2007年10月11日的300元和2008年1月8日的296.98元形成M头，2008年2月25日跌破颈线190元，2008年3月4日回抽颈线，跌破颈线后的最大跌幅为111.15元，超过了理论跌幅110元。图中可以看到对应第一个高点的成交量较大，随下跌而萎缩，随反弹再次放大，但已不及第一个高点，在向下跌破颈线时量放大。之后回抽反弹，受阻后下跌较猛（有些M头形态没有对颈线的回抽，属少见）。

反过来，如图1-12所示，在下降趋势的末期，价格在A点进行正常的反弹。在B点附近停止后继续下降，但是力量不够，在C点（与A点等高）上升，形成W底。

（二）实战案例分析——金种子酒

金种子酒在历经一系列上升以后进入到13.6～17.5元的箱体当中。虽说大涨之后的调整较为漫长，但总有结束的一天。单纯从形态学来看，突破箱体上缘将形成双底，其目标价位是向上一个形态的高度，即21.4元；如果突破箱体下缘，将形成双顶，其目标价位同样是向下一个形态的高度，即9.7元。

但形态学的盲点在于：难以在突破颈线之前判断价格确切的运行方向。换言之，在上破 17.5 元或下破 13.6 元之前，单纯从形态学上无法知晓这是一个应该买入的双底，还是一个应该卖出的双顶。假如我们能够预期到它发展成双底的概率较大，并在 A 处就逢低买入，将会比 B 处的颈线突破时拥有更大的获利空间。

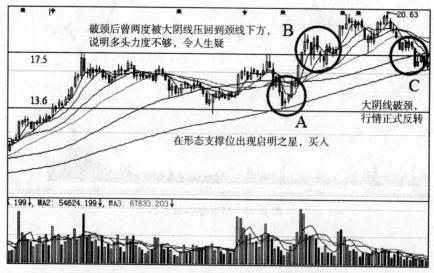

破颈后曾两度被大阴线压回到颈线下方，说明多头力度不够，令人生疑

在形态支撑位出现启明之星，买入

大阴线破颈，行情正式反转

图 1-14　金种子酒 2010 年 6 月~2011 年 4 月日 K 线图

好在，我们可以结合 K 线做出更为细致的分析。例如，在 A 处，首先是两根下跌的大阴线跌至前期低点附近，之后是两根小 K 线，最后一根大阳线扭转了下跌的趋势，价格开始反转向上。这几根 K 线构成了典型的启明之星 K 线组合，能够说明 A 处的支撑是有效的，股价至少会上探箱体上缘，即 17.5 元的位置。因此，A 处已经提供出了一个买入的信号。就算在大阳线的后一天买入，也比颈线低了 13%，超过了一个涨停的幅度。

然而，这个形态并没能达到 21.4 元的目标价位，而只上涨到 20.63 元就反转向下。最后反而下破前期双底颈线，并在 4 个月的漫长震荡后跌至了 13.87 元。如果完全按照双底的指示，一定要达到 21.4 元才能卖出的话，将会使利润大幅缩水，甚至被套（金种子酒真正到达 21.4 元是一年半以后的事了，中间经历了超过 40% 的剧烈震荡，相信多数投资者是不愿忍受的）。但如能有效地结合相关 K 线排列，很容易得出上升动能不足的信号并提早离场。

在 B 处，首先是一根光头阳线小幅突破双底颈线，预示着底部形态的成立。但很快就出现一颗黄昏之星，其中阴线跌幅为 4.51%，当日最大跌幅曾达到过 9%。这难免令人狐疑：按说连续大阳线是强势信号啊，虽说上破颈线有可能会出现回调，测试颈线的突破是否成立，但 9% 的最大跌幅实在是夸张了些。此时应该怀疑的是：多头是否还有足够的力量推动股价大涨？

很快，市场又围绕着颈线给出了下跌插入线和三只黑乌鸦的 K 线组合，而这些都是空头信号（虽然下跌插入线当中阳线很长，但毕竟这是一个下跌的 K 线组合，至少说明行情偏空，难以发力上扬。再配合后边的三只黑乌鸦，趋势就更明显了）。多头突破颈线还未站稳就已经遭遇了空头的袭击，说明上档存在卖压，这严重影响了后续的上冲势头，因而未能达到预期目标，多头在 20.63 元就草草收场。所以应该在 B 处之后的大阳线中见好就收、落袋为安，而不要一厢情愿地等待目标价位的到来。

而真正的多转空直到 C 处才姗姗来迟。首先是一串阴阳夹杂的 K 线，之后是一根跌幅为 7.74% 的大阴线贯穿到底，行情彻底被空方掌控。但我们同样可以运用形态来做综合分析：双底是一个上升形态，破颈之后迎来的应该是一系列上升行情，怎么会在一系列震荡之后再次回到颈线这里呢？在 B 处多头的进攻优势已经被部分化解，那么上冲未果、再次回到了颈线，说明上冲势头已经彻底消散、大势已去，出现空头攻击信号也就不足为奇了。如果进场点位把握得好，就算是错过了最佳出场时机，在 C 处卖出照样可以盈利。假如没能很好地结合 K 线、在 B 处形态突破时才追进，恐怕就要被套牢一阵子了。

第二节 矩形与行业指数

（一）图形介绍

1. 矩形

矩形又叫箱形，是一种典型的整理形态，股票价格在两条横着的水平直线之间上下波动，作横向延伸的运动。

矩形在形成之初，多空双方全力投入，各不相让。空方在价格上涨到某个位置就抛出，多方在股价下跌到某个位置就买入，时间一长就形成两条明显的上下界线。随着时间的推移，双方的战斗热情会逐渐减弱，成交量减少，市场趋于平淡。

如果原来的趋势是上升的，那么经过一段矩形整理后，多数会继续原来的趋势，使股价向上突破矩形的上界；如果原来是下降趋势，大多情况空方会采取行动，突破矩形的下界。图1-15是矩形的简单图示。

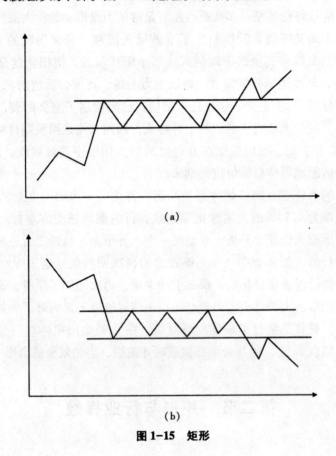

（a）

（b）

图1-15　矩形

但是，图1-15（a）中的走势也可能向下跌破颈线，形成三重顶的形态，价格向下反转；同样，图1-15（b）中的走势可能向上突破颈线，形成三重底，令价格向上反转，这是投资者需要注意的。因此，一定要在真正的突破出现之后再判断未来的方向。

矩形的突破也有一个确认的问题。当股价向上突破时，必须有大成交量的配合方可确认，而向下突破时成交量则不必增加；当矩形突破后，其涨跌幅度通常等于矩形本身宽度，这是矩阵形态的测算功能。面对突破后股价的反扑，矩形的上下界线同样具有阻止反扑的作用。

与别的大部分形态不同，矩形为我们提供了一些短线操作的机会。如果在矩形形成的早期能够预计到股价将进行矩形调整，那么，就可以在矩形的下界线附近买入，在上界线附近抛出，来回做几次短线的进出。如果矩形的上下界线相距较远，那么，这样短线的收益也是相当可观的。

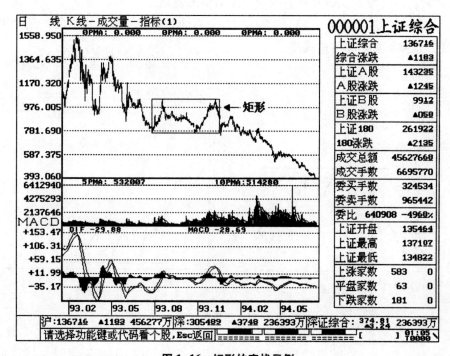

图 1-16 矩形的实战示例

图 1-16 说明：1993 年 7~12 月的上证指数日 K 线图出现了一个明显的矩形形态，多数情况会跌破下颈线，继续开启跌势。结果，下跌幅度远大于矩形本身的高度。矩形本身的高度为 268 点（1045 点-777 点=268 点），下跌幅度为 452 点（777 点-325 点=452 点）。从矩形到底部的跌幅跟顶部到矩形的跌幅（1558 点-1044 点=514 点）相近，幅度极深。

2. 三重顶（底）

三重顶（底）形态是双重顶（底）的扩展形式，也是头肩顶（底）的变形，由三个一样高或一样低的顶或底组成。与头肩形的区别是头的价位回缩到与肩差不多相等的位置，有时甚至低于肩部一点。从这个意义上讲，三重顶

（底）与双重顶（底）也有相似的地方，只是前者比后者多"折腾"了一次。作者认为，三重顶（底）本身就是矩形的一种特殊形式。

出现三重顶（底）的原因是，没有耐心的投资者在形态未完全确定时，便急于跟进或跳出；跌（涨）至颈线的时候，依旧有不少看多（空）的投资者，在买（卖）盘的推动下又向上（下）翻腾了一次，但终究没能改变大势的逆转。多（空）头的抵抗，令股价走势较为复杂。

图 1-17 是三重顶（底）的简单图形。它的颈线差不多是水平的，三个顶（底）也差不多是相等的高度。

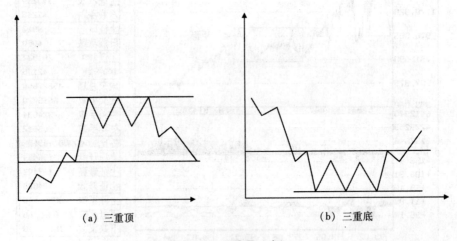

（a）三重顶　　　　　　　　　　（b）三重底

图 1-17　三重顶（底）

头肩形态适用的方法三重顶（底）都适用，这是因为三重顶（底）从本质上说就是头肩形态。

与一般头肩形态最大的区别是，三重顶（底）的颈线和顶部（底部）连线是水平的，这就使得三重顶（底）具有矩形的特征。与头肩形态相比，三重顶（底）更容易演变成持续形态，而不是反转形态。另外，三重顶（底）的顶峰与顶峰，或谷底与谷底的间隔距离和时间在分析时不必相等。此外，如果三重顶（底）的三个顶（底）的高度从左到右依次下降（上升），则三重顶（底）就演变成了直角三角形态。这些都是我们在应用三重顶（底）时应该注意的地方。

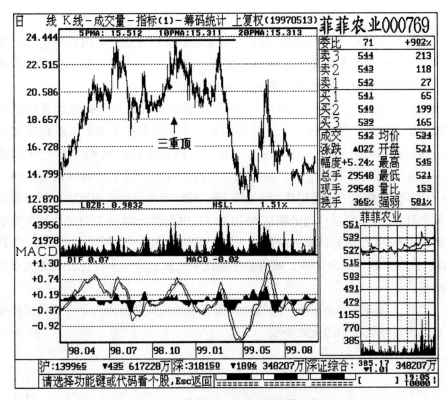

图 1-18 菲菲农业三重顶的实战示例

图 1-18 说明：从菲菲农业（000796），1997 年 7 月至 2000 年 2 月的日 K 线图看，在 1998 年 7 月至 1999 年 3 月前后形成了一个三重顶，此后价格陷入快速下跌中。

（二）实战案例分析——证券指数

经过 20 多年的发展，沪深两市已有两千多家公司上市发行。投资者在选股中很难有时间挨个翻阅。国外曾有一种说法，叫作"投资股票就是在投资行业"。关于这一点，作者是认可的。投资者每天都可以看到热点板块，也可以看到，同一行业、同一板块中许多个股的波动性质是相似的。因此，作者的建议是：不妨通过板块指数找寻具有潜力的热门行业，之后再到行业当中寻找优质个股。例如，"881157"就是证券业的行业指数，如该行业具备良好前景，我们大可在券商股中寻找投资标的，极大地提高选股的精确度。

在图 1-19 中，证券指数经历了三年漫长的宽幅震荡，最后在沪港通的推动下以一根大阳线干脆凌厉地击穿了颈线，券商股全体进入到了疯牛的态势中。如果将突破处局部放大，将如图 1-20 所示。

在图 1-20 中，指数先是以一系列阳线徐徐上行，在上破颈线之后出现回调，测试颈线的支撑作用。虽然出现了四连阴，但这 4 天的下跌幅度都很小，加起来都没有之前一根阳线的幅度大。而且之后的 K 线全部处于颈线上方，并受到颈线支撑止跌。很明显，在这个过程中空头没有发动有效的攻势，在多头的推动下指数很快会大幅上扬，而实际情况也是如此的。该板块的多数个股在 10 个交易日内涨幅达到 70%，其中华泰证券在 7 个交易日内 6 个涨停，不到 30 个交易日涨幅就翻了 3 倍，具体如图 1-21 所示。尤其是 12 月 4 日，证券指数上涨 9.95%，该行业中除辽宁成大上涨 9.71%外，其他股票全部涨停。

总之，选股选的是行业、是概念，读者不妨先从这方面入手，找到优势板块之后再寻找板块中的优质个股。

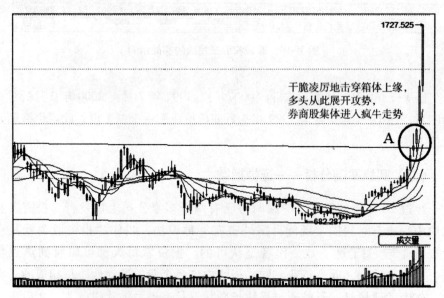

图 1-19 证券指数 2011 年 10 月~2014 年 12 月周 K 线图

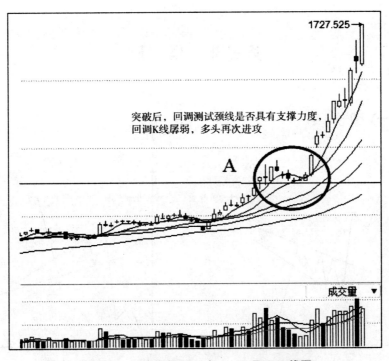

图 1-20 证券指数 2014 年 9~12 月日 K 线图

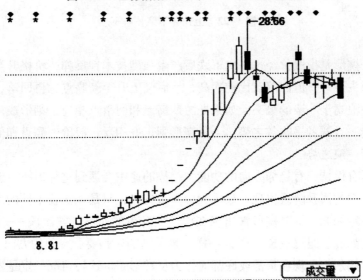

图 1-21 华泰证券 2014 年 10~12 月日 K 线图

第三节　楔　形

（一）图形介绍

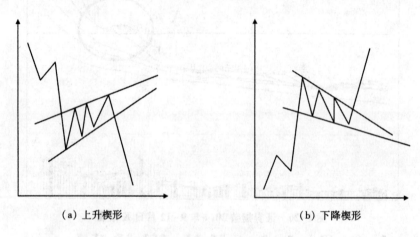

（a）上升楔形　　　　　　　　（b）下降楔形

图 1-22　上升（下降）楔形

上升楔形是指股价经过一次下跌后产生强烈技术性反弹，价格升至一定水平后又掉头下落，但回落点比前次高，然后又上升至新高点，再回落，在总体上形成一浪高于一浪的势头。如果把短期高点和回落点相连，则形成两条向上倾斜直线，且两者呈收敛之势。下降楔形则正好相反，股价的高点和低点形成一浪低于一浪之势。

楔形有保持原有趋势方向的功能，趋势的途中会遇到这种形态。上升楔形常在跌市中的回升阶段出现，显示股价尚未见底，只是一次技术性的反弹——但并非一定如此。下降楔形常出现在中长期升市的回落调整阶段——同样地，并非一定如此。跟三重顶（底）一样，最关键的还是要看突破的方向。

楔形偶尔也出现在顶部或底部而作为反转形态。这种情况一定是发生在一个趋势经过了很长时间、接近于尾声的时候。

在楔形形成过程中，成交量渐次减少；在楔形形成之前和突破之后，成交量一般都很大。

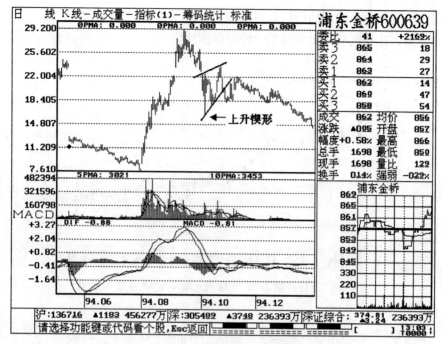

图 1-23　上升楔形的实战示例

图 1-23 说明：1994 年 10 月 25 日~11 月 23 日的浦东金桥（600639），在下跌之后出现一段上涨行情，到底是小反弹还是反转呢？不少投资者在不明就里的情况下盲目追高，终被套牢。从形态分析可以看出这是一段上升楔形走势，说明未来走势下跌可能极大，明白这一图形理论之后最佳选择是在触及上边缘时卖出，次佳选择是在跌破下边缘时卖出，这样非但不会受损还可能小有收获。

（二）实战案例分析——上证指数

发现牛市并不难，到了最后的疯牛阶段，电视、杂志、网站，甚至街头巷尾的大小传闻可谓满天飞。但这个时候为时已晚——钱已经被先知先觉的投资者赚走了，剩下的只有套牢和陷阱。这是一个赶早不赶晚的游戏。那么，如果我们在牛市发动初期就有所察觉，必然会获得更大的机会、收获更多的财富。冰冻三尺非一日之寒，这种历经几年的转化、波动很难在一张日 K 线图中有所洞悉。因此，我们需要找到时间跨度与研究周期相符的图线——月 K 线图。在月 K 线图中，一根 K 线包含着一个月的波动，例如，图 1-24 中就反映了 5 年的大盘变动。在如此漫长的图形中可以较为轻松地看出整个"牛熊"转换

19

的过程，并在牛市发动的初期就抓住市场机遇，获得更大的成功。

下面，让我们从历史的演变中慢慢解读这张图形。

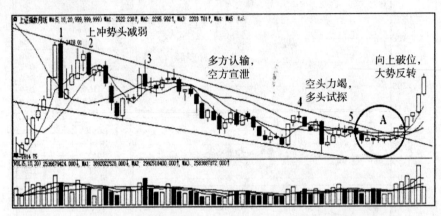

图 1-24　上证指数 2008 年 12 月~2014 年 12 月月 K 线图

在 2008 年，因美国次贷危机爆发，导致全球陷入金融危机中。对此，我国出台了 4 万亿元计划、家电下乡、扩大内需等经济刺激措施，力求尽早地走出危机的阴霾。而股市在接近一整年的狂泻之后，以此为契机展开了持续一整年的大幅反弹行情，涨幅接近一倍。然而，过度的财政刺激有可能引发通货膨胀，对未来发展产生掣肘。此后，通胀的到来使得人民生活质量普遍受到了影响，政府连续加息、提准对股市起到了釜底抽薪的作用。此时金融危机余波未尽，欧债危机、美债危机、全球经济二次探底等"余震"频发，再加上我国的熊市一般会持续数年，从 2007 年底开始的暴跌只持续了一年，从时间上，熊市还未完成。在循环周期、国际国内基本面都不支持的前提下，2009 年只是针对 2008 年的一次大幅修正，属于熊市的中段反弹而已，不能改变熊市的整体格局。因此，2009 年底，股市再度进入了下跌通道，一直持续到了 2014 年。股民在漫长的等待中苦苦期盼牛市的到来。

理想很丰满，现实很骨感。虽然我们有着共同的愿望，但胖乎乎的"熊市"却不以人的意志为转移，一摇一摆地继续走着，最终形成了一个巨大的下降楔形。从图 1-24 的 K 线中，我们也可以看出多空双方此消彼长的斗争过程。

首先，2009 年的反弹一气呵成，中间并没有大幅调整过，因此积累了大量的获利盘。一旦有个风吹草动，他们很快就会获利离场。"1"处在强大的卖压下出现了一根大阴线。但此时上升气势还没有彻底消散。没有经过适当的调整也导致了众多投资者踏空这一轮行情。在他们的再次进场时，又出现了四根连续的阳线。但此时不宜过度乐观，无论从熊市周期、宏观基本面上看，都不支持大牛市的再度到来。而"1"处的大阴线已经对多头进行了沉重的打击，使其丧失了驾驭市场的能力。因此，反弹过后的市场重新回归到熊市当中，大约在半年之后暂时见底。

虽然多头已经丧失了统治的地位，但并没有放弃争夺。之后，出现了 4 个月的反弹波动到"3"处。从图 1-24 看，"1"、"2"、"3"的高点不断垫低，气势也从强势上冲、持续上扬到犹豫一下再上冲，有种"一鼓作气，再而衰，三而竭"的感觉。至此，多头动力被完全消耗，空头虽然也有损伤，但在熊市的大背景下逐渐成为市场的主宰，之后就是空方的彻底宣泄，连续的阴跌持续了一年多。多头因气数已尽，只发动了几次不成规模的反弹。

当然，市场不可能一直这样下去，空头的愤怒总有宣泄完的那一天，上证指数最终再次触及楔形下轨。多头在一年多的休养中渐渐恢复了体力，再次反击，但在"4"处被空头迅速打回。最关键的时刻到来了：在 A 处，几根羸弱的小 K 线触碰到了下降趋势线，但压回后并没有出现明显的下跌，反而连续刷了五根十字星线。对此，很值得投资者三思：

（1）空头已经得到了彻底的宣泄，还会有多大的实力继续支持熊市的延续呢？

（2）在以往，一旦触及下降趋势线指数都迅速被压回。而这次在这么弱的试探性攻击中，空头都无法将价格迅速打回，反而在 2000 点附近非常平静地待了 5 个月。2014 年 5 月的波动只有 70 个点，还不到 4%，市场是如此的平静，但这往往是变盘的征兆。

（3）2000 点附近并没有强技术支撑，而且还有若干上影线触碰到了下降趋势线。显然，空头也只能靠着下降趋势线的力量勉强自保，再无发动攻势的能力了。所以，一旦多头开始进攻，局势就会立刻扭转。一根大阳线坚定地突破了下降趋势线，随后就是月 K 线六连阳，牛市就此展开。如果我们能够从 K 线排列中洞悉多空双方力量的此消彼长，再结合大阳线破位的技术图形，很容易就能够在牛市初期进入市场获利。到作者撰稿时，指数距离最低点已上涨 50%。

最后，我们还可以从中总结熊市所经历的几个阶段：空头反击；多头抵抗；空头总攻；多头溃败；空头宣泄；空头力竭；多头试探；大势反转。

这是一个漫长的过程，投资者一定不能因强势反弹就认为熊市告结，而应该等到空方彻底宣泄、市场波动不断减缓、最终如湖面般波光粼粼之后再伺机介入。这样做降低了被套牢的风险，能够以更加充盈的资本加入到牛市盛宴中。

第四节　影　线

（一）图形介绍

1. 十字星

十字星（见图 1-25）是一种只有上下影线，没有实体的图形。开盘价即是收盘价，表示在交易中，股价时而高于开盘价，时而低于开盘价，但收盘价与开盘价相等。买方与卖方几乎势均力敌。

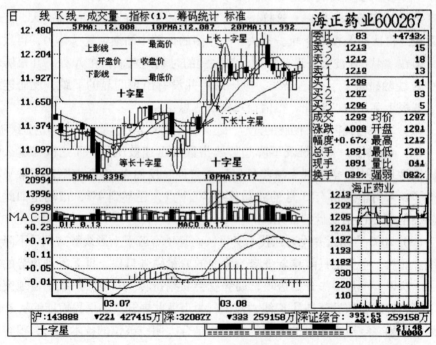

图 1-25　十字星

其中，上影线越长，表示卖压越重；下影线越长，表明买盘越足。上下影线看似等长的十字线，可称为转机线，在高价位或低价位，意味着将出现反转。其中高价位是指已经有了一段持续的涨幅，甚至是暴涨的过程；而低价位是指已经有了相当大的跌幅，甚至是暴跌的过程。盘整时，十字星的反转含义较弱。

2. T 形与倒 T 形

T 形（见图 1-26）又称多胜线，开盘价与收盘价相同，当日交易以开盘价以下之价位成交，又以当日最高价（开盘价）收盘。这一图形表示卖方虽强，但买方实力更强，局势对买方有利。如在低价区，行情将会回升。

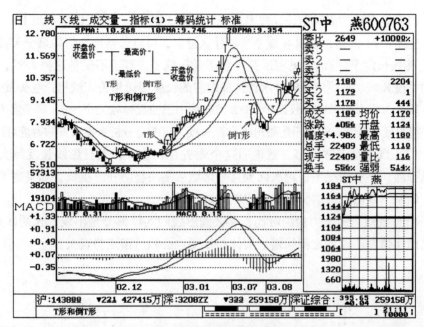

图 1-26　T 形与倒 T 形

倒 T 形（见图 1-26）又称空胜线，开盘价与收盘价相同，当日交易都在开盘价以上之价位成交，并以当日最低价（开盘价）收盘。这一图形表示买方虽强，但卖方更强，买方无力再挺升，总体看卖方稍占优势。如在高价区，行情可能会下跌。

作者再强调一遍：本部分图形介绍中的内容大多是传统技术分析的观点，刻板地、被动地照单全收是不对的，因为 K 线发出的假信号较多。应通过 K 线分析多空双方力量对比，并结合其他技术分析（如形态学、均线等）来尽可能地过滤掉虚假信号。

3. 长下影线

长下影线包括锤形线和上吊线两种，如图 1-27 所示。锤形线处在下降趋势中，当天疯狂的卖出行动被遏制，价格又回到了或者接近了当天的最高点。

锤形线有牛市含义。上吊线处在上升趋势中，说明当天绝大多数成交处在低于开盘价的位置，之后的反弹回升令收盘价几乎收在了当天的最高价。上吊线中产生出来的长下影线显示疯狂卖出即将开始，虽然得到买盘承接，但未必持久。上吊线具有熊市的含义。

需要注意：

（1）这种线的影线越长，技术意义就越强。如果影线全天振幅不到1%、影线长度才0.7%的话，这根K线基本没什么意义，可以忽略掉。但如果全天振幅7%，影线长度5%的话，见底反弹的意味就很强了。其实不仅是这种K线，所有的单根K线、K线组合的技术含义都跟它的长度密切相关。试想：空头发力、多头反击，在温和震荡中收回个0.7%和暴跌中迅速反弹收回个5%，哪个实力更强？很明显是后者。作者还是那句话：看K线，目的是分析多空双方的力量对比。

（2）既然是多方发力，就说明这个地方存在支撑，而且影线长度越大支撑越强烈。一般情况下，再次回到这个区域后多头会防守、抵抗，如果毫无抵抗、顺利下跌的话，多头可能离溃败不远了。

（3）既然是多空力量的对比，那么锤形线的实体部分是阳线就比阴线好，上吊线实体是阴线就比阳线糟，实体的长度也会跟后市走势有关。

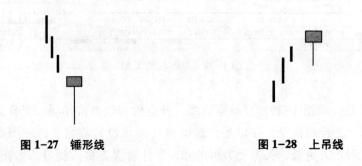

图1-27　锤形线　　　　　　　　　　图1-28　上吊线

长下影线意味着支撑的强烈，有时候也会形成双顶的颈线。根据形态学，双顶的颈线具有支撑的作用，如果跌破则意味着行情将转折向下，目标价位是向下一个形态的高度。但有时候，下影线过长也容易形成困扰。

当然，如果是长上影线的话就代表着上方强压力了。总言之，在K线中，多数下影线都代表支撑，多数上影线都代表压力，而且影线越长支撑/压力就越强。在K线图中，上涨和下跌图形是完全对称的，列出其中一种之后对称一下就是另外一种图形的含义。如果在价格连续下跌之后收出长上影K线，叫做倒转锤头，同样有转牛的迹象，但比锤形线要弱一些；如果价格连续上涨之后收出长上影 K 线，叫做墓碑线，比上吊线的看跌意义更强。

（二）实战案例分析——贵州茅台

2010~2012 年，贵州茅台以其优良的业绩、高速的成长性在熊市股海中一枝独秀，非但没受到大盘拖累，反而从 87 元上涨到了 232 元，涨幅达到 166%。贵州茅台酒早已成为我国白酒业的金字招牌，名声远播，受到海内外消费者的广泛认可。年代久远的茅台酒受到投机客的一通哄炒，翻了若干倍。在这种示范效应下，就连新生产出来、在市面上流通的茅台酒价格也一度飞涨，不少投机客、经销商参与其中大肆囤积。这加快了茅台公司业绩的进一步增长。

然而，就算是雄狮也有沉睡的时候。任何市场有牛市就有熊市，白酒业也不例外。2013 年，随着囤积热潮降温、获利者离场，白酒热的泡沫开始破裂。几个月内，茅台酒价格被腰斩，大量经销商被套牢。新一任政府的反腐倡廉、禁酒令更是让茅台酒市场价格雪上加霜，出现大量库存积压。在熊市格局下，贵州茅台这只个股自然不能幸免。但市场是仁慈的，在大跌前已经给出了充分的信号。

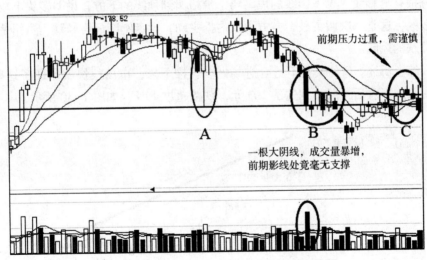

图 1-29　贵州茅台 2013 年 4~8 月的日 K 线图

图 1-29 只列示出众多信号中的一小部分，但也足以让投资者警醒。在 A 处，出现了一根长下影 K 线，说明下档支撑很强。但在 B 处却出现了一根与下影线等长的实体阴线。试想：如果 A 处支撑真的很强烈，B 处大阴线的下影为

什么这么短？似乎根本没有什么支撑。而且当日成交量是平常的两倍，说明很多人在不计成本地卖出，市场已形成了恐慌情绪。看到这个信号时，投资者就要怀疑 A 处长下影线的支撑是否有效了。此时双顶雏形已经形成，虽然颈线具有一定的支撑力度，但 B 处强盛的下跌已然忽视了 A 处的支撑，颈线岌岌可危。

之后，多头屡弱地抵抗了几天。如果对 K 线掌握得不太好，可能会认为 B 处的前三根 K 线构成了一个启明之星，说明在颈线处得到了支撑，行情应该会反弹。但这么想就错了，B 处阴阳线的长度完全不对等，阳线还没刺穿阴线的一半，多头内虚，并非反转；之后的下一根 K 线又是阴线，只能说明反弹乏力，而这个反弹也不是多头在进攻，只是依托颈线被动防守而已，在空方的强压下，随时有失守之虞。此处不可久留，应择机离场。

在 C 处，一根小阳线看似形成了小头肩底的突破，但并不应该盲目进场，原因如下：前期长下影线被击穿，已经由支撑转为压力，近期还有一根放巨量的长阴 K 线，还存在着很强的压力；价格曾在前期颈线附近徘徊，形成一个小盘区，当行情反弹回到这个价格时会有一定解套卖压；价格虽然上破了头肩底颈线，但还没有在盘区上方站稳，还不能算是有效突破；紧接着，"飞"来了三根有上影线、无下影线的黑乌鸦，价格回到颈线的下方，说明多头上攻是失败的，这是一次假突破，空方再次占据主动；大盘刚刚经历暴跌，贵州茅台有补跌的风险。

综上所述，C 处实在不适合进场做多。接下来，市场很快就印证了这些。在一系列下跌后，股价到达了 103 元，跌幅超过 40%，如图 1-30 所示。

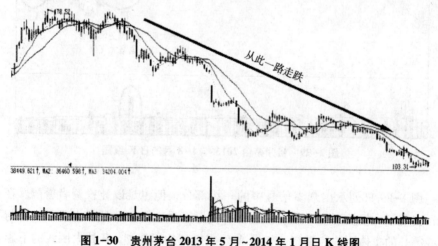

图 1-30　贵州茅台 2013 年 5 月~2014 年 1 月日 K 线图

在这一案例中，我们没有参考库存积压、禁酒令等基本面就得出了未来将要大跌的信号。这印证了"市场价格包含一切信息"这一点。当我们难以分辨消息面的真真假假、难以评估突发的影响时，不妨从技术面中寻找答案。

第五节 K 线与头肩形态

（一）图形介绍

1. 吞没线

吞没线又称为鲸吞线，其基本形状如图 1-31 所示。牛市鲸吞形处在上升趋势中，先是一个弱势的跳空低开，但同时耗尽了空方的最后一丝力气，多头乘虚而入，空头节节败退，最终留下了一根毫无压力的大阳线，收盘价比前一天的开盘价高，表明下降趋势已经被扭转。熊市鲸吞形正好相反，处在上升趋势中，先是一个强势的跳空高开，但同时耗尽了多方的最后一丝力气，空头乘虚而入，多头节节败退，最终留下了一根毫无抵抗的大阴线，收盘价比前一天的开盘价低，表明上升的趋势已经被破坏，上升趋势将要反转。

在这个组合中，前一天是阴是阳区别不大，关键是最后那根 K 线是大是小。有时候图形看起来很恐怖，但实际涨跌幅并不多，我们还要以实际幅度来对待。

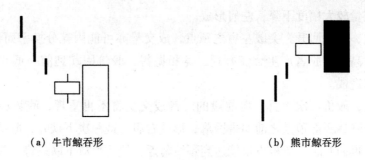

（a）牛市鲸吞形　　　　　　　　（b）熊市鲸吞形

图 1-31　鲸吞形

2. 头肩形态

头肩形态是实际股价形态中出现最多的一种形态，也是最著名和最可靠的反转突破形态。它一般可分为头肩顶、头肩底两类，每类中又分为普通头肩形和复合头肩形两种，我们先以普通头肩形为例。

（1）头肩顶形态。头肩顶形态是一个可靠的沽出时机，一般通过连续的三次起落构成该形态的三个部分，也就是要出现三个局部的高点。中间的高点比另外两个都高，称为头；左右两个相对较低的高点称为肩。这也是头肩顶形态名称的由来（见图 1-32）。

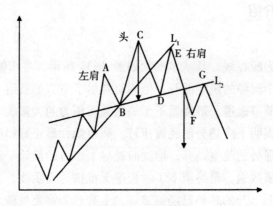

图 1-32 头肩顶

头肩顶形态的形成过程大体如下：

首先，股价长期上升后，成交量大增，获利回吐压力亦增加，导致股价回落，成交量较大幅度下降，左肩形成。

其次，股价回升，突破左肩之顶点，成交量亦可能因充分换手而创纪录，但价位过高使持股者产生恐慌心理，竞相抛售，股价回跌到前一低点水准附近，头部完成。

最后，股价再次上升，但前段的巨额成交量将不再重现，涨势亦不再凶猛，价位到达头部顶点之前即告回落，形成右肩。这一次下跌时，股价急速穿过颈线，再回升时，股价也仅能达到颈线附近，然后形成下跌趋势，头肩顶形态宣告完成。

这种头肩顶反转向下的道理与支撑线和压力线的内容有密切关系。图 1-32 中的直线 L_1 和 L_2 是两条明显的支撑线。从 C 点到 D 点，突破直线 L_1 说明上升趋势的势头已经遇到了阻力，E 点和 F 点之间的突破则是趋势的转向。此外，E 点的反弹高度没有超过 C 点，也是上升趋势出了问题的信号。

图中的直线 L_2 是头肩顶形态中极为重要的直线——颈线。在头肩顶形态中，它是支撑线，起支撑作用。

头肩顶形态走到了 E 点并掉头向下，只能说是原有的上升趋势已经转化成了横向延伸，还不能说明反转向下。只有当图形走到了 F 点，即股价向下突破了颈线，才能说头肩顶反转形态已经形成。

一般而言，以下两种形态为假头肩顶形态：一是当右肩的高点比头部还要高时，不能构成头肩顶形态；二是如果股价最后在颈线水平回升，而且回升的幅度高于头部，或者股价跌破颈线后又回升到颈线上方，这可能是一个失败的头肩顶，宜作进一步观察。

头肩顶形态是一个长期趋势的转向形态，一般出现在一段升势的尽头。这一形态具有如下特征：①一般来说，左肩与右肩高点大致相等，有时右肩较左肩低，即颈线向下倾斜；②就成交量而言，左肩最大，头部次之，右肩最小，呈梯状递减；③突破颈线不一定需要大成交量配合，但日后继续下跌时，成交量会放大。

当颈线被突破，回抽确认（如 G 点）以后，下跌展开。下跌的深度，可以借助头肩顶形态的测算功能进行估算。从突破点算起，股价将至少要跌到与形态高度相等的距离。

形态高度的测算方法：量出从"头"到颈线的直线距离（图 1-32 中从 C 点向下的箭头长度），这个长度称为头肩顶形态的形态高度。这一长度是股价下落的最起码的深度，是最近的目标，价格实际下落的位置要根据很多别的因素来确定。上述测算只是给出了一个范围，只对我们有一定的指导作用。预计股价今后将跌到什么位置能止住，永远是进行股票买卖的人最关心的问题，也是最不易回答的问题。

图 1-33 说明：2007 年 5 月至 2008 年 3 月，银河动力（000519）日 K 线图上出现了以 11.47 元为头部，以 10.16 元为左肩，以 9.79 元为右肩，以 5.7～7.50 元为颈线的头肩顶形态，顶部形态极其明显。

（2）头肩底形态。头肩底是头肩顶的倒转形态，是一个可靠的买进时机。这一形态的构成和分析方法，除了在成交量方面与头肩顶有所区别外，其余与头肩顶类似，只是方向正好相反，如图 1-34 所示。例如，上升改成下降，高点改成低点，支撑改成压力。

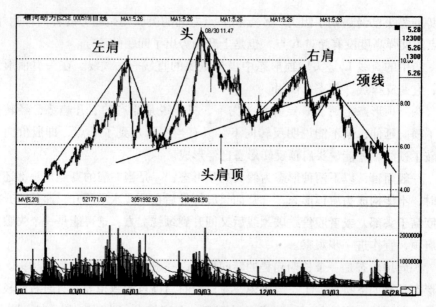

图 1-33　头肩顶的实战示例

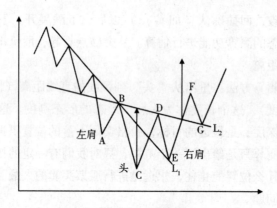

图 1-34　头肩底

　　值得注意的是，头肩顶形态与头肩底形态在成交量配合方面的最大区别在于头肩顶形态完成后，向下突破颈线时，成交量不一定放大；而头肩底形态向上突破颈线，若没有较大的成交量出现，可靠性将大为降低。

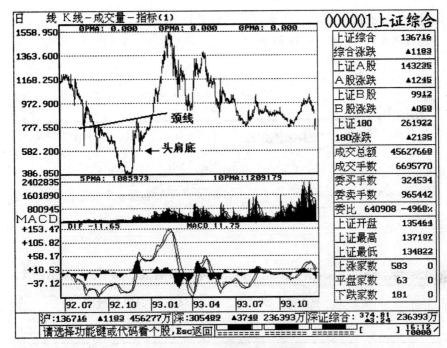

图 1-35　头肩底的实战示例

图 1-35 说明：1992 年 9~12 月，上证指数日 K 线图上出现以 595 点为左肩，以 386 点为头部，以 592 点为右肩，以 790~841 点为颈线的头肩底。长达 4 个月时间形成的大头肩底决定了暴涨至 1558 点的坚实基础，从技术面反映了那一轮牛市的根源。可见，即使是被评为"不理智"的"爆炒"也有其部分理论依据。其头部至颈线垂直距离约为 432 点（818 点 - 386 点 = 432 点），上涨幅度从冲破颈线起算为 708 点（1558 点 - 850 点 = 708 点），708 点 /432 点 = 1.64，基本上是 1.618 倍的黄金分割。

（3）复合头肩形态。股价变化经过复杂而长期的波动所形成的形态可能不只是标准的头肩形态，会形成所谓的复合头肩形态。这种形态与头肩形态基本相似，只是左右肩部或者头部出现多于一次。其形成过程也与头肩形态类似，分析意义也和普通的头肩形态一样，往往出现在长期趋势的底部或顶部。复合头肩形态一旦完成，即构成一个可靠性较大的买进或沽出时机。

（二）实战案例分析——光大银行

光大银行在底部盘旋一年有余，默默地筑起了一个头肩形底部。因为时间

31

跨度过长，在此通过周 K 线图来表示，如图 1-36 所示。

具体日 K 线图如图 1-37 所示。

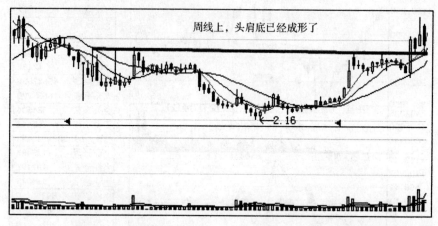

图 1-36　光大银行 2013 年 3 月~2014 年 11 月周 K 线图

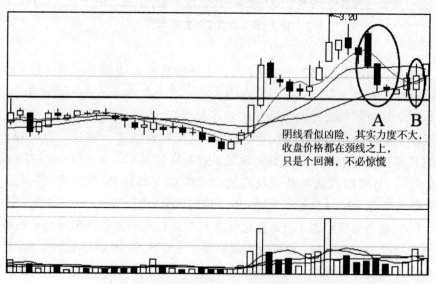

图 1-37　光大银行 2014 年 8~11 月日 K 线图

虽然头肩底的突破是成功的，但过程并非一帆风顺，如过分倚重 K 线或受到市场消息的影响，很可能会坐失良机。

2014 年 11 月 17 日沪港通正式开通，按说对银行股是利好消息，但那一天却不涨反跌，形成了吞没线的 K 线组合，随后出现了 5 连阴，好像空头又获得了主动权，如图 1-37 的 A 处所示。

这些 K 线看似凶险，其实不然。首先，行情在上破头肩顶后大多会回测颈线支撑。在 A 处行情虽然五连跌，但始终未能跌破头肩底颈线，与第一节金种子酒案例图 1-14 的 B 处的 K 线位置不同，说明多头力量未被破坏。其次，形成吞没线当天实际只下跌了 1.65%，跌幅并不大，空头力量远远没有达到金种子酒案例的 B 处中的收盘下跌 4.5%，最大下跌 9%。

在 B 处，央行降息当日促成了各股普涨的格局，但光大银行只上涨了 0.34%，似乎很疲弱，而且形成了一个小头肩顶雏形。但需要注意的是，任何图形在破颈之前都是不成立的，只能说是雏形而已。B 处 K 线实体并未破颈，只是单针下探。而且头肩顶颈线与头肩底颈线相重合，两股支撑的力量相叠加，这加强了止跌上扬的意味。此时，还没有理由认为头肩底图形失败。笔者继续持股，静候行情的上涨。

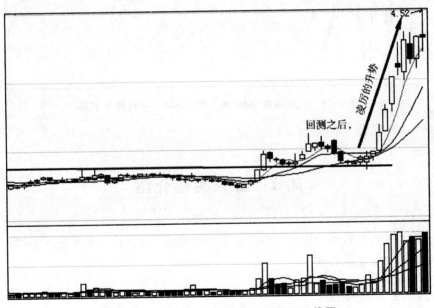

图 1-38　光大银行 2014 年 8~12 月日 K 线图

实际上，后市上冲要比预想中迅猛得多，在短短 9 个交易日中涨幅接近 60%。如果仅凭消息面的不涨反跌，或通过局部 K 线来判断行情，就会与大涨无缘，实在可惜。

➡ **本章习题**

在图 1-39 那乱糟糟的 K 线中，作者看出了崩盘的信号，并在当天不计成本地全部卖出离场。请问是哪里出了问题？你能躲过这次悲剧吗？参考答案见书后。

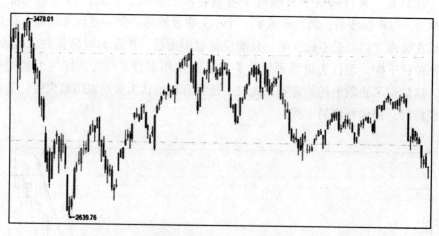

图 1-39　上证指数 2009 年 7 月~2010 年 4 月日 K 线图

附 1：章末图形介绍

除了上述内容外，还有几个较为重要的图形，让我们在章末统一介绍。在后续章节中可能会用到。

（一）三角整理

三角整理形态主要分为对称三角形、上升三角形和下降三角形三种。第一种有时也称正三角形，后两种合称直角三角形。以下我们分别对这三种形态进行介绍。

1. 对称三角形

对称三角形情况大多发生在一个大趋势进行的途中，它表示原有的趋势暂时处于休整阶段，之后还要随着原趋势的方向继续行动。由此可见，见到对称三角形后，股价今后走向最大的可能是沿原有的趋势方向运动。

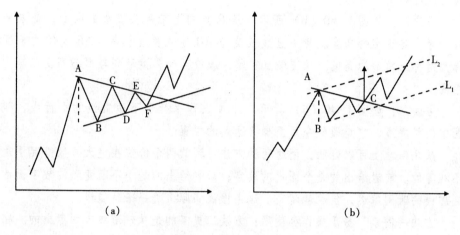

图 1-40 对称三角形

图 1-40（a）是对称三角形的一个简化的图形，这里的原有趋势是上升，所以三角形完成以后是突破向上。从图中可以看出，对称三角形有两条聚拢的直线，上面的向下倾斜，起压力作用；下面的向上倾斜，起支撑作用。两直线的交点称为顶点。正如趋势线的确认要求第三点验证一样，对称三角形一般应有 6 个转折点（如图中的 A、B、C、D、E、F 各点）。这样，上下两条直线的支撑或压力作用才能得到验证。

对称三角形只是原有趋势运动途中的休整状态，所以持续的时间不会太长。持续时间太长，保持原有趋势的能力就会下降。一般来说，突破上下两条直线的包围，继续原有既定方向的时间要尽量早，越靠近三角形的顶点，三角形的各种功能就越不明显，对我们投资的指导意义就越不强。根据经验，突破的位置一般应在三角形的横向宽度的 1/2～3/4 的某个位置。三角形的横向宽度指三角形的顶点到底部的高度。不过这有个大前提，必须认定股价一定要突破这个三角形。前面已经说过了，如果股价不在预定的位置突破三角形，那么这个对称三角形形态可能会转化成别的形态。

对称三角形的突破也有真假之分，辨别方法与前述的类似，可采用百分比原则、日数原则或收盘原则等确认。这里要注意的是，对称三角形的成交量因愈来愈小的股价波动而递减，向上突破需要大成交量配合，向下突破则不必。没有成交量的配合，很难判断突破的真假。

对称三角形被突破后，也有测算功能。这里介绍两种测算价位的方法。以原有的趋势上升为例：

方法一：如图1-40（b）所示，从C点向上带箭头直线的高度，是未来股价至少要达到的高度。箭头直线长度与AB连线长度相等。AB连线的长度称为对称三角形的高度。从突破点算起，股价至少要运动到与形态高度相等的距离。

方法二：如图1-40（b）所示，过A点作平行于下边直线的平行线，即图中的斜虚线，它是股价今后至少要达到的位置。

从几何学上可以证明，用这两种方法得到的两个价位在绝大多数情况下是不相等的。前者给出的是个固定的数字；后者给出的是个不断变动的数字，达到虚线的时间越迟，价位就越高。这条虚线实际上是一条轨道线。

方法一简单，易于操作和使用；方法二更多的是从轨道线方面考虑的。在实战经验中，作者更倾向于方法二。当然，读者如有不同观点也属正常，毕竟这两种测量方法都是可行的。

另外，虽然对称三角形一般是整理形态，但有时也可能在顶部或底部出现而导致大势反转，这是对称三角形形态在实际应用时要注意的问题。

2. 上升三角形

上升三角形是对称三角形的变形。两类三角形的下方支撑线同是向上发展，不同的是上升三角形的上方阻力线并非是向下倾斜的，而是一条水平直线。

如果股价原有的趋势是向上，遇到上升三角形后，几乎可以肯定今后是向上突破的。一方面要保持原有的趋势，另一方面形态本身就有向上的愿望。这两方面的因素使股价逆大方向而动的可能性很小。

如果原有的趋势是下降，在出现上升三角形后，前后股价的趋势判断起来有些难度。一方要继续下降，保持原有的趋势；另一方要上涨，两方必然发生争执。如果在下降趋势处于末期时（下降趋势持续了相当一段时间），出现上升三角形，还是以看涨为主，这样，上升三角形就成了反转形态的底部。

上升三角形在突破顶部的阻力线时，必须有大成交量的配合，否则为假突破。突破后的升幅度量方法与对称三角形相同。图1-41是上升三角形的简单图形。

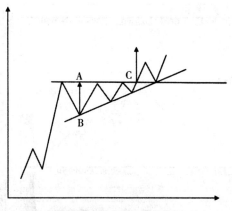

图 1-41　上升三角形

3. 下降三角形

下降三角形同上升三角形正好反向，是看跌的形态。它的基本内容同上升三角形可以说完全相似，只是方向相反。这里要注意的是：下降三角形的成交量一直十分低沉，突破时不必有大成交量配合。如果股价原有的趋势是向上的，则遇到下降三角形后，趋势的判断有一定的难度；但如果在上升趋势的末期，出现下降三角形后，可以看成是反转形态的顶部。图 1-42 是下降三角形的简单图形。

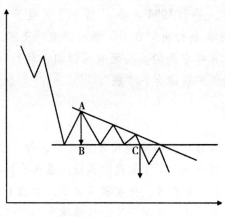

图 1-42　下降三角形

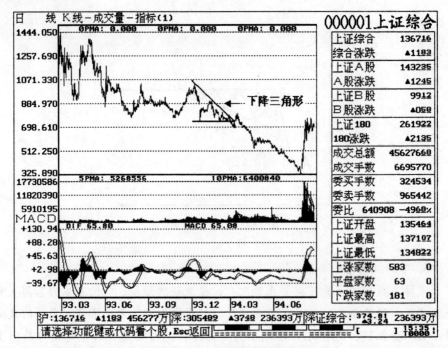

图1-43 下降三角形的实战示例

图1-43说明：1993年12月至1994年3月的上证指数日K线图上出现一个以750点为下边的下降三角形形态。长达4个月时间构成的较大图形决定了后面数月的下跌趋势，并于1994年3月初向下突破了750点的所谓"政策底"。尽管管理层出于好意打出"四不"救市政策的王牌，但仅仅造成一个超出理论标准的反弹，最终市场仍按其固有规律向下运行，可见无论什么"政策底"都抵不过市场经济规律这个"底"。

（二）圆弧形态

将股价在一段时间的顶部高点用折线连起来，每一个局部的高点都考虑到，我们有时可能得到一条类似于圆弧的弧线，盖在股价之上；将每个局部的低点连在一起也能得到一条弧线，托在股价之下，如图1-44所示。

圆弧形又称为碟形、圆形或碗形等，这些称呼都很形象。不过应该注意的是：图中的曲线不是数学意义上的圆，也不是抛物线，而仅仅是一条曲线。人们已经习惯于使用直线，在遇到图1-44中这样的顶和底时，用直线显然就不够了，因为顶、底的变化太频繁，一条直线应付不过来。

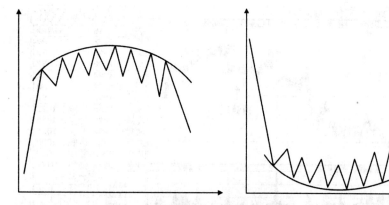

图1-44　圆弧顶（底）

圆弧形态在实际中出现的机会较少，但是一旦出现则是绝好的机会，它的反转深度和高度是不可测的，这一点同前面几种形态有一定区别。

圆弧的形成过程与头肩形态中的复合头肩形态有相似的地方，只是圆弧形态的各种顶或底没有明显的头肩的感觉。这些顶部和底部的地位都差不多，没有明显的主次区分。这种局面的形成在很大程度上是一些机构大户炒作证券的产物。这些人手里有足够的股票，如果一下抛出太多，股价下落太快，手里的股票可能不能全部出手，只能一点一点地往外抛，形成众多的来回拉锯，直到手中股票接近抛完时，才会大幅度打压，一举使股价下跌到很深的位置。如果这些人手里持有足够的资金，一下子买得太多，股价上得太快，也不利于日后的买入，也要逐渐地分批建仓，直到股价一点一点地来回拉锯，往上接近圆弧边缘时，才会用少量的资金一举往上提拉到一个很高的高度。因为这时股票大部分在机构大户手中，别人无法打压股价。

圆弧形态具有如下特征：①形态完成、股价反转后，行情多属爆发性，涨跌急速，持续时间也不长，一般是一口气走完，期间极少出现回档或反弹。因此，形态确信后应立即顺势而为，以免踏空、套牢。②在圆弧顶或圆弧底形态的形成过程中，成交量的变化都是两头多，中间少。越靠近顶或底成交量越少，到达顶或底时成交量达到最少。在突破后的一段，都有相当大的成交量。③圆弧形态形成所花的时间越长，今后反转的力度就越强，越值得人们去相信这个圆弧形。一般来说，应该与一个头肩形态形成的时间相当。

图1-45说明：2003年3~8月东风汽车（600006）的日K线图。在此该股价格形成了一个圆弧顶形态，之后是大幅度的下降。

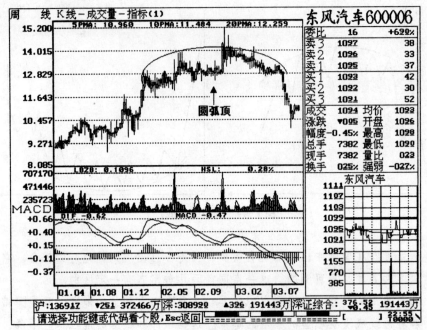

图 1-45　圆弧顶的实战示例

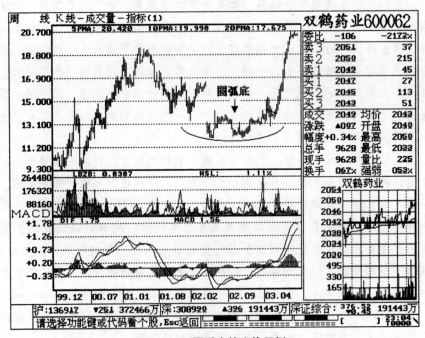

图 1-46　圆弧底的实战示例

图 1-46 说明：2002 年 7 月至 2003 年 3 月的双鹤药业（600062）日 K 线图上形成了一个明显的圆弧底，价格在经历了从 13 元下降到 11 元的过程后，形成了一个较大的圆弧底，之后的上升是巨大的。

（三）喇叭形（反三角形）

喇叭形也是一种重要的反转形态。它大多出现在顶部，是一种较可靠的看跌形态。更为可贵的是，喇叭形在形态完成后，几乎总是下跌，不存在突破是否成立的问题。这种形态在实际中出现的次数不多，但是一旦出现，则极为有用。

喇叭形的正确名称应该是扩大形或增大形。因为这种形态酷似一个喇叭，故得名。图 1-47 是喇叭形的图形表示。

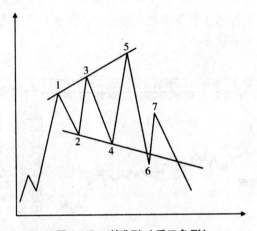

图 1-47　喇叭形（反三角形）

喇叭形形态的形成往往是由投资者的冲动情绪造成的，通常在长期性上升的最后阶段出现。这是一个缺乏理性的市场，投资者受到市场炽热的投机气氛或市场传闻的感染，很容易追涨杀跌。这种冲动而杂乱无章的行市，使得股价不正常地大起大落，形成巨幅震荡的行情，继而在震荡中完成形态的反转。

从图 1-47 中看出，由于股价波动的幅度越来越大，形成了越来越高的三个高点和越来越低的两个低点。这说明当时的交易异常活跃，成交量日益放大，市场已失去控制，完全由参与交易的公众的情绪决定。在这个混乱的时候进入证券市场是很危险的，进行交易也十分困难。在经过了剧烈的动荡之后，人们的情绪会渐渐平静，远离这个市场，股价将逐步地往下运行。

一个标准的喇叭形态应该有三个高点和两个低点。股票投资者应该在第三峰（图1-47中的5）调头向下时就抛出手中的股票，这在大多数情况下是正确的。如果股价进一步跌破了第二个谷（图1-47中的4），则喇叭形完全得到确认，抛出股票更成为必然。

股价在喇叭形之后的下调过程中，肯定会遇到反扑，而且反扑的力度会相当大，这是喇叭形的特殊性。但是，只要反扑高度不超过下跌高度的一半（图1-47中的7），股价下跌的势头还是应该持续的。

喇叭形形态具有如下特征：①喇叭形一般是一个下跌形态，暗示升势将到尽头，只有在少数情况下股价在高成交量配合下向上突破时，才会改变其分析意义；②在成交量方面，整个喇叭形形态形成期间都会保持不规则的大成交量，否则难以构成该形态；③喇叭形走势的跌幅是不可度量的，一般说来，跌幅都会很大；④喇叭形源于投资者的非理性，因而在投资意愿不强、气氛低沉的股市中，不可能形成该形态。

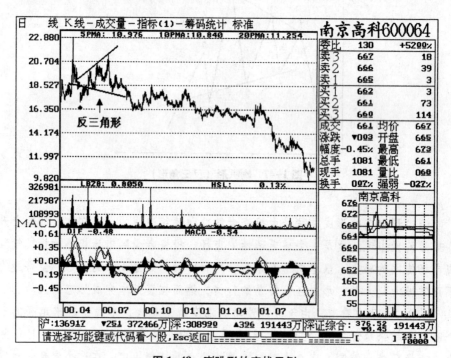

图1-48 喇叭形的实战示例

图 1-48 说明：2000 年 6~8 月，南京高科（600064）日 K 线图上出现了一个较明显的喇叭形形态。当时市场气氛仍然火爆，多数人还在买入，预期再创新高，可惜此股从此即转头向下。这时形态已经形成，如能及时发现、及时出货则不仅能避免长期套牢之苦，解出的资金日后还大有赚钱余地。

第二章　K线与移动平均线——长线牛股的猎枪

K线不仅能与形态联合运用，和趋势线、均线之间也大有关系。K线实质是对大行情的细化，让我们能够在看懂大方向的同时把握住行情的细节，从而让操作更加精准。抓住大势、细化细节，这才是交易之道。

移动平均线有时候会像趋势线那样起到助涨助跌的作用，也有时候能用来测量目标价位，还可以根据其方向、金叉死叉看出大趋势的方向。诸如MACD、布林带等指标也是依据均线来绘制的。因此，运用好均线对我们的操作大有裨益，让我们先看看其运用的一般原则。

第一节　均线基本介绍

1. 移动平均线（MA）

剧烈波动的股票市场，股票价格日常波动和短期的变化非常大，根据对有效市场的研究，股票价格短期的波动是随机的。但技术分析理论假设股票价格是沿趋势运动的，把某个时期的股票价格综合起来找一个平均股价，就能得到一个较为有规律的价格。以日K线的收盘价为例：如果要计算5天的平均价，则取连续5个交易日的收盘价（或收盘指数），计算它们的和，再除以5，得到5天的平均价，公式是：

5日平均价 $=(C_1+C_2+C_3+C_4+C_5)/5$

上式中 C_1、C_2、C_3、C_4、C_5 分别代表第1天到第5天的收盘价。

如果要计算第6天的5日平均价 $=(C_2+C_3+C_4+C_5+C_6)/5$

即把第1天的价格去掉，换为第6天的价格，其他计算方法不变。同理，计算第7天的5日平均价格则把第2天的价格换为第7天的价格即可。把计算出的平均价标在每天的股价图上再进行平滑连接，就得到5日移动平均线（MA_5）。

移动平均线一般标在以时间为横轴、股价为纵轴的 K 线图上，一并分析。

同样道理 10 日移动平均线 MA_{10} 的计算公式是：

$$MA_{10} = (C_1 + C_2 + C_3 + C_4 + C_5 + C_6 + C_7 + C_8 + C_9 + C_{10})/10$$

推广到一般情况，计算 n 日移动平均线的公式是：

$$MA_n = (C_1 + C_2 + C_3 + \cdots + C_n)/n$$

以上是计算移动平均线最常用的基本方法，即算术移动平均线（SMA）。从计算公式可知，在 n 日移动平均线中，每一天价格对平均线的影响均是 n 分之一，这不太符合市场实际情况。以 30 日移动平均线来说，当日价格对未来行情的影响远比 30 天以前的价格对未来的影响重要得多。为使移动平均线能够更确切地反映未来趋势，有必要加大最近的日期在移动平均线中的比例，体现其重要性，这就是加权移动平均线（WMA），计算公式如下：

$$WMA_n = (C_1 \times 1 + C_2 \times 2 + C_3 \times 3 + \cdots + C_n \times n)/(1 + 2 + 3 + \cdots + n)$$

还有指数平滑移动平均线（EMA），先计算出第一个移动平均线（或使用起算日的收盘价也可）作为基数，确定移动平均线日数，如 5 日移动平均线，把基数乘一个系数，如对 MA_5 是 4/5、对 MA_{10} 是 9/10、对 MA_n 是 $(n-1)/n$ 等，再加上计算日的收盘价乘一个系数，MA_5 的系数就是 1/5、MA_{10} 的系数是 1/10、MA_n 的系数是 1/n。计算从基期（初值）起第 t 天的 n 日指数平滑移动平均线的一般公式：

$$EMA_t = C_t \times 1/n + EMA_{(t-1)} \times (n-1)/n$$

这里使用了基期的概念，在此基础上进行连续计算，使计算有 1/n 的比例。这种计算在离基期较近的日期误差较大，选择不同的基期也会有不同数值，只有长期持续计算之后不同基期的影响才会逐渐消失。

移动平均线不仅可用于日 K 线，也可用于周 K 线、月 K 线等。

根据计算期的长短，移动平均线又可分为短期移动平均线、中期移动平均线和长期移动平均线。短期移动平均线代表短期趋势，中期移动平均线代表中期趋势，长期移动平均线代表长期趋势。长期移动平均线方向向上则代表长期趋势上升，可以确定是牛市或叫多头市场；长期移动平均线方向向下则代表长期趋势下降，可以确定是熊市或叫空头市场。

对于短期移动平均线、中期移动平均线、长期移动平均线的具体划分没有确定的说法。试举几种分类法：

（1）短期移动平均线：0~10 天，中期移动平均线：10~30 天，长期移动平均线：30 天以上。

（2）短期移动平均线：0～15 天，中期移动平均线：15～60 天，长期移动平均线：60 天以上。

（3）短期移动平均线：0～15 天，中期移动平均线：15～120 天，长期移动平均线：120 天以上。

经实践证明，短期移动平均线应在 15 天以下，中期移动平均线在 15～60 天，60 天以上则为长期移动平均线。西方投资机构非常看重 200 天移动平均线，并以此作为长期投资的依据。若行情价格在 200 天均线以下，属空头市场；反之，则为多头市场。

根据短期线变化快、长期线变化慢的特点可以进行多方面的比较分析，在其他指标中也经常使用短期与长期的比较，所有的短期线都可称为快速线，长期线都可称为慢速线，不局限于移动平均线。

2. 移动平均线的特点

移动平均线的基本思想是消除股价随机波动的影响，寻求股价波动的趋势。它有以下几个特点：

（1）追踪趋势。MA 能够表示股价的趋势方向，并追踪这个趋势。如果能从股价的图表中找出上升或下降趋势，那么，MA 将与趋势方向保持一致。原始数据的股价图表不具备追踪这个趋势的特性。

（2）滞后性。在股价原有趋势发生反转时，由于 MA 追踪趋势的特征，使其行动往往过于迟缓，调头速度落后于大趋势。这是 MA 一个极大的弱点。

（3）稳定性。根据移动平均线的计算方法，要想较大地改变移动平均的数值，当天的股价必须有很大的变化，因为 MA 是股价几天变动的平均值。这个特点也决定了移动平均线对股价反映的滞后性。这种稳定性有优点，也有缺点，在应用时应多加注意，掌握好分寸。

（4）助涨助跌性。当股价突破移动平均线时，无论是向上突破还是向下突破，股价都有继续向突破方向发展的愿望。

（5）支撑线和压力线的特性。由于 MA 上述的四个特性，使得它在股价走势中起到支撑线和压力线的作用。MA 被突破，实际上是支撑线和压力线被突破，从这个意义上就很容易理解后面将介绍的葛兰威尔法则。

MA 的参数作用实际上就是调整 MA 上述几方面的特性。参数选择得越大，上述的特性就越大。比如，突破 5 日线和突破 10 日线的助涨助跌的力度完全不同，10 日线比 5 日线的力度大。

3. 移动平均线的应用法则——葛兰威尔（Granvile）法则

了解了移动平均线的概念之后，如何利用这一系统进行市场操作？美国分析师葛兰威尔（Granvile）提出移动平均线八大法则，具体可参考图 2-1。

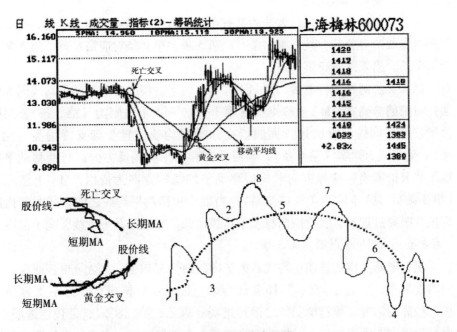

图 2-1　移动平均线应用图

（1）当移动平均线由下跌开始走平，将要转为上涨时，股价线从移动平均线下方向上突破移动平均线，是第一买入信号。

（2）股价线在移动平均线上方，当股价线开始下跌但并未跌破移动平均线时又转向上涨，是第二买入信号。

（3）股价线向下跌破移动平均线而处于移动平均线下方，移动平均线仍然继续上涨，是第三买入信号。

（4）股价线处于移动平均线下方并且出现暴跌，导致股价线距离移动平均线过远时，是第四买入信号。

（5）当移动平均线由上涨开始走平，将要转为下跌时，股价线从移动平均线上方向下跌破移动平均线，是第一卖出信号。

（6）股价线在移动平均线下方，当股价线开始上涨但并未突破移动平均线时又转向下跌，是第二卖出信号。

（7）股价线向上突破移动平均线而处于移动平均线上方，移动平均线仍然继续下跌，是第三卖出信号。

（8）股价线在移动平均线上方并且出现暴涨，导致股价线距离移动平均线过远时，是第四卖出信号。

葛兰威尔移动平均线八大法则共有 4 个买入信号和 4 个卖出信号，买卖信号基本是两两对应的，其中第 1 条对应第 5 条、第 2 条对应第 6 条、第 3 条对应第 7 条、第 4 条对应第 8 条。

把八大法则再进行概括，则第 1 和第 5 两条是指股价和移动平均线同方向运行时则趋势确立，MA 上涨则买（第 1 条）、MA 下跌则卖（第 5 条）；当股价和移动平均线反方向运行而股价在移动平均线位置受到支撑则买（第 2 条）、受到阻力则卖（第 6 条）；当股价和移动平均线反方向运行而移动平均线不受股价影响保持原方向时应以移动平均线的方向为依据，MA 上涨则买（第 3 条）、MA 下跌则卖（第 7 条）；当股价和移动平均线之间在短时间内出现拉开距离过远时，股价应向移动平均线回归，靠向移动平均线，向上靠则买（第 4 条）、向下靠则卖（第 8 条）。

现在把葛兰威尔移动平均线八大法则归纳为三句话："同向顺势而为，异向均线为主，太远必回归。"作者认为第一进场点价格最优，但不太容易把握，稳健的话可以等行情明朗之后再进场；第二、第三买入点是较佳进场点，也是行情中期回调的买入时机；而第四买入点不好把握，存在较大风险，行情在回归均线之前有可能会进一步下挫，只可作为参考。

总之，葛兰威尔移动平均线法则是针对股价和移动平均线的位置关系决定操作方向的，这是依据移动平均线原理进行操作的基础。

4. 均线的组合应用

（1）"黄金交叉"与"死亡交叉"。一般情况下，投资者可利用短期和长期两种移动平均线的交叉情况来决定买进和卖出的时机。当现在价位站稳在长期与短期移动平均线之上，短期移动平均线又向上突破长期移动平均线时，为买进信号，此种交叉称为"黄金交叉"；反之，若现在行情价位于长期移动平均线与短期移动平均线之下，短期移动平均线又向下突破长期移动平均线时，则为卖出信号，交叉称为"死亡交叉"（见图 2-1）。

黄金交叉和死亡交叉，实际上就是向上突破压力线或向下突破支撑线，所以，只要掌握了压力和支撑的思想就不难理解。

（2）长、中、短期移动平均线的组合使用。在实际应用中，常将长期移动平均线（250日）、中期移动平均线（50日）、短期移动平均线（10日）结合起来使用，分析它们的相互关系，判断股市趋势。三种移动平均线的移动方向有时趋于一致，有时不一致，可从两个方面来分析、研判：

第一，方向一致的情况。在空头市场中，经过长时间的下跌，股价与10日平均线、50日平均线、250日平均线的排列关系，从下到上依次为股价、10日均线、50日平均线和250日平均线。若股市出现转机，股价开始回升，反应最敏感的是10日平均线，最先跟着股价从下跌转为上升；随着股价继续攀升，50日平均线才开始转为向上方移动；至于250日平均线方向改变，则意味着股市的基本趋势将转变，多头市场的来临。若股市仅出现次级移动，股价上升数星期或两三个月，使得短期均线和中期均线向上移动；当次级移动结束后，股价再朝原始方向运动，均线则从短期均线、中期均线依次向下移动。在多头市场中，情形则恰好相反。

第二，方向不一致的情况。当股价进入整理盘旋后，短期平均线、中期平均线很容易与股价缠绕在一起，不能正确地指明运动方向。有时短期均线在中期均线之上或之下，此种情形表示整个股市缺乏弹性，静待多方或空方打破僵局，使行情再度上升或下跌。

还有一种不协调的现象是中期均线向上移动，股价和短期均线向下移动，这表明股市上升趋势并未改变，暂时出现回档调整现象。只有当股价和短期均线相继跌破中期均线，并且中期均线亦有向下之迹象，则上升趋势改变。或是中期均线仍向下移动，股价与短期均线却向上移动，表明下跌趋势并未改变，中间只是出现一段反弹情况而已。只有当股价和短期均线都回到均线之上，并且中期均线亦有向上反转，则趋势才改变。

移动平均线是实际中常用的一类技术指标，它的分析方法和思路对后面的指标有重要的影响。但该指标也存在一些盲点，特别是在盘整阶段或趋势形成后中途休整阶段以及局部反弹或回落阶段，MA极易发出错误的信号，这是使用MA时最应该注意的。另外，MA作为支撑线，站在某线之上，有利于上涨，但并不是说就一定会涨，支撑线有被击穿的时候。

5. 多头排列与空头排列

因为均线具有滞后性，而且周期越长的均线越滞后。所以在一轮稳定的升势中，短期均线往往跟价格走得比较近，中期均线远一些，长期均线更远，呈现出由短到长、自上而下的排列方式，这就叫作多头排列，例如，图2-2中自上而下分别排列着5日平均线、10日平均线、20日平均线、30日平均线和

60 日平均线。多头排列说明行情进入到了稳定的升势，很有可能会一直持续下去。只要多头排列没有被破坏，以后每一次回调触及中长期均线都是较佳买入点（对应着葛兰威尔法则第二、第三买入点），尤其是从缠绕转为多头排列的地带将会是利润倍增的进场点（对应着葛兰威尔法则的第一买入点）。

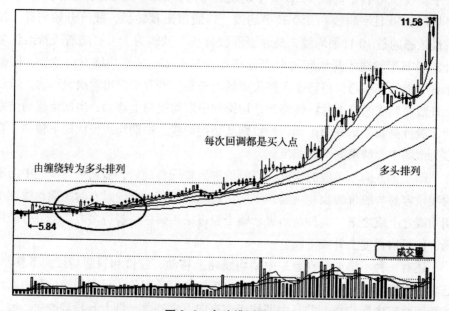

图 2-2　多头排列图示

但是，如果这种多头排列逐渐转为缠绕，再转为空头排列就说明上升行情基本完结，未来将由下跌主导，这时候就要倍加小心了。金种子酒先是经历了一系列稳定的牛市，价格翻倍、均线保持了半年的多头排列。但到了图 2-3中，在一系列的震荡中多头排列先是转为缠绕，然后又转入到了空头排列当中，说明空方掌控了市场，投资者最好溜之大吉。图中标出的 A、B 两点分别对应着葛兰威尔法则第一和第三卖出点。其中 B 点较有迷惑性，但要注意，此时 30 日平均线、60 日平均线的方向依旧向下，与葛兰威尔法则的第一买入点不符，并不能说明中长期趋势扭转。不能因为几个金叉就判定多头排列的到来，还需进一步观察。很快，新的空头排列形成，"伪多头"露了馅。

总之，多头排列和空头排列是判断大势的一种方式。只有看对了大方向才能获取更高的利润、规避更多的风险，指引我们找到更好的买卖点。

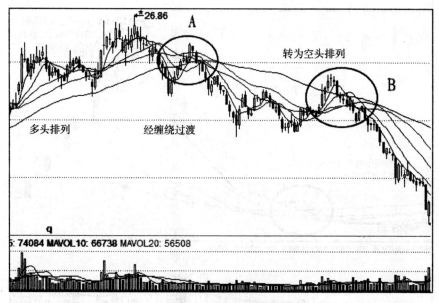

图 2-3 空头排列图示

第二节 大牛市，大熊市，大反弹

2006~2007 年的大牛市让人无比怀念，2008 年的大熊市让人刻骨铭心。虽说牛熊转换是必然规律，但有无数人因此发家致富，也有无数人因此套牢久矣。市场是仁慈的，在重大转折面前总会给出一些警示、一些信号，就看我们能否读懂这些"技术密码"。

在出现图 2-4 形态前，大盘曾经历了 4 年的大熊市，并在 A 处的两根阳线之后首次站上全部均线。很快，诸多短期均线上穿长期均线、形成诸多黄金交叉，使得均线由空头排列转为多头排列。这个时候投资者就要留心了：

（1）均线多头排列自大熊市以来就从未出现过，这次的出现是否说明市场环境已经改变了？是不是说明熊市即将结束？

（2）这是一张月 K 线图。相对于日 K 线、周 K 线，月 K 线的周期更长，骗线更加困难，图形更加稳定，可以体现出牛熊大势的变化。因此，月 K 线图上的多头排列暗示着将来很长一段时间的行情转暖。

（3）两根上穿均线组的阳线中，上影线都很短，说明上方抛压不重。在

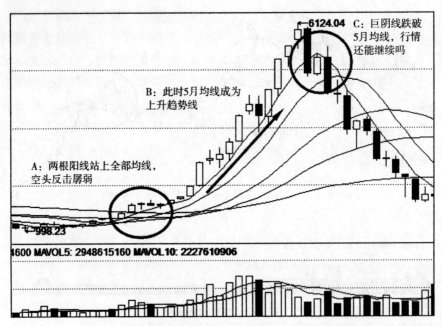

图 2-4　上证指数 2005 年 5 月 ~2008 年 11 月月 K 线图

此之后的三根小 K 线是一种横向震荡的图形。按说突破均线组理应有一次回调测试，但这次的回调甚至连下跌都做不到，只是象征性的横向整理。在这连续 3 个月内空头都无法发起反击，这不禁让人怀疑：空头的力量竟然如此孱弱？多头的升势已经无法阻挡了吗？

很快，市场就用一系列的阳线给出了确切的答案。

在这轮大牛市中，所有的月 K 线都在依托着 5 月均线上涨：跟 5 月均线稍微沾一下就走，毫不拖泥带水；跟 5 月均线远了就稍微调整一下，始终遵从均线的指示。显然，5 月均线成为了这轮大牛市的上升趋势线，只要这条线不被跌破，行情就会持续下去。牛市就这样一步一个脚印地走了一年有余。

在牛市的最后几个月中，不断出现各种警示信号：价量关系背离、市场情绪癫狂、冲上 8000 点的言论不绝于耳。其中最明显的就是"只赚指数不赚钱"，经受着"满仓踏空"的苦恼。在任何大级别上升趋势末期都会出现类似的信号。道理很简单：在牛市初期，往往是盘子比较小、价值被低估的股票成为领头羊。原因是小盘股不需要太大资金、容易炒作。在牛市初期市场情绪较为谨慎的时候，机构、做手选择这一类个股容易获利。对于被低估的个股，投资者普遍认可"价值回归"这一理念。因此，对其炒作也就名正言顺，容易得到市场的配合，把股价做上去。随着行情的演进，市场情绪不断被激活，价值洼地不断被填平，小盘股的价格也不断抬高。这个时候，小盘股价格高高在上，大盘蓝筹股的价格相对较低，成为新的价值洼地。因此，市场就逐渐轮动到题材股、大盘股的炒作上了。这一类个股在市场情绪活跃期炒作也不像牛市初期那样困难。举个例子，3元股票炒到30元，能翻10倍，就比100元股票炒到300元容易得多——人们总有捡便宜的心理，总认为价格低的就划算。因此，抛弃掉这些高价股，从新物色一批低价股，何乐而不为？随后，到了行情末期，只剩下超大盘、垃圾股没有被热炒疯炒，而中小盘、值得投资的个股已经被轮番爆炒，股价高高悬浮，很难有太大的作为。因为前两个阶段中不断有投资者获利，因此变得大胆起来。在赚钱效应的示范下，新股民开户速度不断加快，出现证券营业厅人声鼎沸、一户难求的局面，甚至有人为了开户去找关系。但癫狂意味着失去冷静，失去冷静就会变得冲动，而冲动是魔鬼，会让投资者在一片癫狂当中赔掉血汗钱。在这个时候，垃圾也被炒翻天，大象也能云上飘——因为投资者赚钱赚红了眼，已经失去了理智。这个时候所谓的业绩已经被庄家们抛弃，成为了一场赤裸裸的金钱游戏。投资者在中小盘股中尝到了甜头，依旧会购买这一类股票。可惜的是，它们已经成为了弃儿，不再被牛市所接纳。结果就是：指数中大盘股占权重大，它们的上涨会带动股指的全面上冲，看上去牛市依旧；但实际上这类股只占很小的一部分，大多数投资者都选择了不赚钱的股票，纵使满仓却赚不到钱，只能看着股指的不断上扬心生嫉妒，想着，我的股票什么时候也会跟随大盘爆发？又因在牛市中被套牢心有不甘，总认为牛市持续下去就会解套，就会大赚，却不去想接下来的问题——熊市。在这表面歌舞升平的牛市已然是哀鸿遍野，难以为继。最终行情定格在了6124点，该来的总是要来的。但癫狂的情绪已经让股民发疯，认为"大棕熊"只是被锯掉了犄角的"飞牛"，仍会带领人们冲上云霄。

在C处，月K线就不对劲了：首先是一根18%的大阴线，击穿5月均线。阴线实体越长，下跌力道越大。这么大的阴线自牛市以来就从未出现过，空方首次发出强有力的反攻信号，这不由得令人怀疑，牛市的力道是否已经改变了？再加上它跌破5月均线，上升趋势线已破，牛市可能完结。之后的阳线实体比阴线小很多，说明这只是一次破位后的反弹确认而已。此时，5月均线迅速由上扬转平，再变为下降，再次说明行情的转坏。最终，反弹力竭，又一根大阴线形成两阴夹一阳的组合，大熊市正式开启。

可见，在熊市之前市场已经明示暗示地给出了各种信号，让我们有充分的机会去逃顶。哪怕是在两阴夹一阳形成的地方清仓立场，也能保住胜利果实，避免资产大幅缩水。

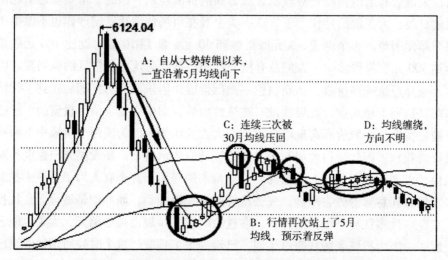

图 2-5 上证指数 2006 年 3 月~2012 年 12 月月 K 线图

与牛市一样，熊市也是沿着 5 月均线向下的。自 6124 点至 1664 点，空头已经得到了彻底宣泄，就像第一章第三节中的"熊市八部曲"那样，空头总有力竭的时候，这时就轮到多头反攻了。但多头什么时候开始反攻？是 2664 点还是 1664 点还是 664 点？这就要从图形中去寻找答案。在 B 处，一根大阴线之后几根上影较长的 K 线逐渐站上了 5 月均线，预示着行情反转。因为前期力道过猛，上方阻力较强也是情理之中。最终，多头通过一根大阳线表明态度：行情已经站稳了 5 月均线，反弹行情开启。但反弹终归不是反转。到了 C 处，股指接连三次被 30 月均线压回，正所谓"一鼓作气，再而衰，三而竭"，而且到了第三次被压回时，5 月均线已经正式拐头向下，在 K 线上方形成压制。说明反弹行情的彻底结束，即将进入到大熊市的下一阶段——必须等待空头再次宣泄后才能有所反转。

还需提醒投资者，在 D 处不要一看到均线缠绕就认为到达了葛兰威尔法则的第一买入点，原因如下：

（1）D 之前的下跌无论从时间还是从点位上跟 2008 年熊市根本不对称，空头并未完全宣泄。

（2）只有当股指强势突破并站稳所有均线之后，葛兰威尔法则的第一买入点才真正形成。但D处并未能站稳在均线组之上。

（3）在突破并被压回的几个月中出现了连续的小K线，说明多空纠结、方向不明。但这之后出现了一根阴线，说明在拉锯战之后空头优势，不宜过度乐观。

总之，此时并不是做多的时机，还需在漫漫熊市中继续冬眠。

第三节　青岛海尔——移动平均线实战应用经典案例

海尔以其产品质量、品牌魅力受到广大消费者的认可，业绩一直十分出众，哪怕是在熊市中也能有所表现。当然，投资还是以挣钱为目的，对于业绩优秀的个股更要寻找合适的买卖机遇。

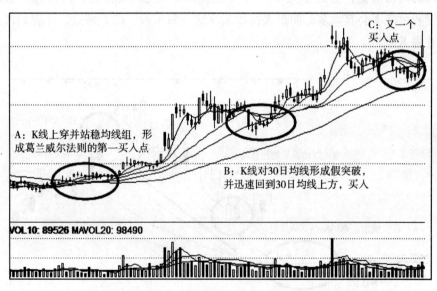

图2-6　青岛海尔2013年7月~2014年1月日K线图

在图2-6中的A处，青岛海尔在半年的调整中均线逐渐走平、缠绕。随后，价格不急不缓地站上了均线组，并长期待在均线上方，没有空头反攻的迹象，形成了葛兰威尔法则的第一买入点。而B处的大阴线比较具有欺骗性，但加以仔细分析还是能够看穿的：在几根K线之后价格就重新站上了全部均线，均线组也形成了黄金交叉，前期 K 线真的是转弱的迹象吗？再者，B 处最后一根阳线实体已经站在了大阴线的上方，说明前期大跌的势头已经被化解。因此，中期趋势未被破坏，短期趋势再度转强，应该是另一次买进的机会。就算抛掉了手中的筹码，也可以在这里捡回来。类似地，在 C 处行情再次跌破 30 日平均线但很快以一根大阳线拉回，形成了葛兰威尔法则的第三买入点。而且大阳线内含了前期六根 K 线的范围——1 天之内就化解了 6 天的下跌，那根阴线根本就不是对手，买入信号更加确凿。

在这一轮当中，青岛海尔从 9.55 元上涨到 22.31 元，涨幅达到 133%，这在熊市中殊为不易。

回顾 B、C 两点，遵循葛兰威尔法则的第三买入法则虽不至于踏空，但也无法在最佳价位买进。如果还有更高的追求，可以翻看一下其他周期的 K 线图，也许会找到更加精确的趋势线来指导操作。同样地，A 处虽然给出了一个买入的确切依据，但这是熊市，日 K 线图的转好也不能说明大行情的到来，投资者可能不会有太多的胆量去持续关注这一只个股。综上两点，让我们再去看看周 K 线图。

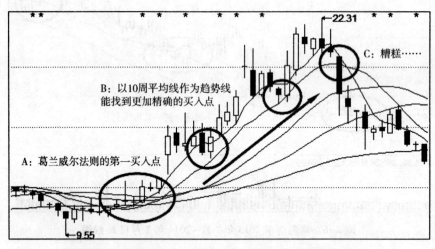

图 2-7　青岛海尔 2013 年 5 月~2014 年 5 月周 K 线图

在图 2-7 中的 A 处，不仅出现了日线级别的第一买入点，在周线上同样如此。庄家、做手很难在周线上骗线，而周线趋势的持续时间、上攻力道将会是很大的，说明该股值得中长期持有，日后操作可以大胆一些。随后，行情依托着 5 周平均线、10 周平均线上攻。图 2-7 的 B 处实际是对 10 周平均线的回调，如果从周 K 线图上看会找到更好的买入点。C 处以一根大阴线迅速下破，标志着行情的完结。投资者可能对这个结果并不满意：就算在 C 处成功出逃也会损失大量的利润，这个信号实在是迟钝了些。

诚然，稳定且迟缓是周线的性质之一。2014 年 2 月 24 日当天是一个暴跌的走势，我们需要用更加灵活的图线做出更加细致的分析。因时间久远，在交易软件中已无法显示小时图，我们只能用日线图和分时图来代替。

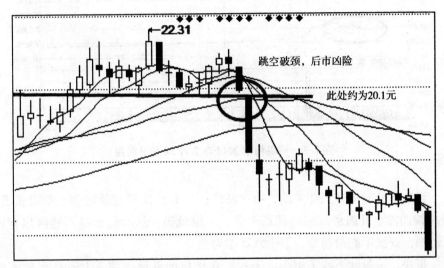

图 2-8　青岛海尔 2014 年 1 月 15 日~3 月 20 日日 K 线图

在图 2-8 中，首先映入眼帘的是一个头肩顶的图形，颈线在 20.1 元，形态高度为 2.2 元。头肩顶是一个典型的顶部形态，破颈后准确率很高。

在圆圈处，当天开盘即以一个跳空缺口破颈，说明下跌力道已经十分强盛，在缺口和形态的双重压力下，当天很可能以大阴线收场。根据形态高度测量，后市至少会跌到 17.9 元——也只是最保守的估计。原因在于：10 周平均线在 19.6 元的位置，距离 20.1 元相当接近。防守空间过小、空头压力太大，多头很难在此组织有效防御。换言之，持续一年以来的上升趋势线很有可能被迅速冲破，行情将陷入中长期大调整中。

首先需要说明的是，K 线图是复权后的，价格跟分时图有些出入。如未经复权，当日颈线在 20.5 元位置，10 周平均线在 20.06 元的位置。显然，在分时图中不到10点就再次破位，10周平均线失守。随后的乏力反抽就是一次逃命的机会，随后的跌停证明了一切。

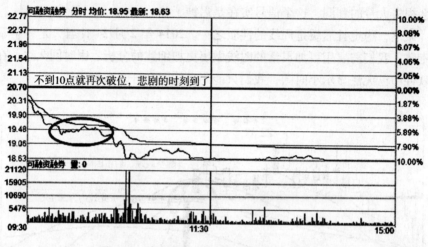

不到10点就再次破位，悲剧的时刻到了

图2-9　青岛海尔2014年2月24日分时图

至此，分时图开盘即大跌，收盘跌停；日K线图开盘就破颈，收盘长黑；周K线图的上升趋势线宛若薄纸一张，一捅就破。这时候已经不能再抱有任何幻想，好汉不吃眼前亏，三十六计走为上。

很快，该股就下跌了40%。不过，在优良的业绩支撑下，青岛海尔还会大有作为的。不妨让它先歇歇，等技术图形转好了再进场也不迟。

第四节　海南椰岛——一浪高过一浪的慢牛走势

随便翻翻个股K线就会发现，适用于均线理论的个股真的是不一而足。我们不需要苛求某项理论适用于所有个股，只需要抓住好用的、好把握的股票就已经足够了。例如，图2-10中的海南椰岛，同样是以均线流作为上升趋势的动力，其中每次调整都回落到20周平均线或30周平均线并再次拉升，给出了一系列买入的机会。唯一具有欺骗性的就是A处：一根大阴线虚破30周平均线，看似上升趋势要完结。但与青岛海尔不同的是：海尔是在头肩顶形成之后以形态的推动力破的位，在形态、K线、均线的三重压力下转熊；而海南椰岛并未真正破位，依旧受到双顶颈线的支撑，均线也只是被影线虚破，实体依旧在其上方，还不能认为行情已经反转。

最终，海南椰岛在这一浪高过一浪的慢牛中翻了 10 倍。两年中抓对这一只股票也足以发家致富了。

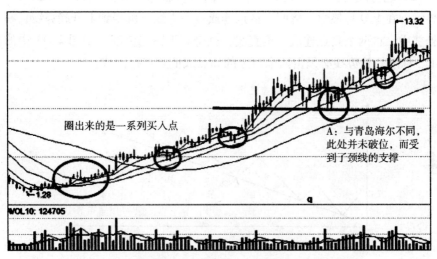

图 2-10　海南椰岛 2008 年 10 月~2011 年 1 月周 K 线图

第五节　趋势线的应用

（一）图形介绍

1. 趋势线

（1）趋势线的含义。由于证券价格变化的趋势是有方向的，因而可以用直线将这种趋势表示出来，这样的直线称为趋势线。反映价格向上波动发展的趋势线称为上升趋势线；反映价格向下波动发展的趋势线则称为下降趋势线。

由于股票价格的波动可分为长期趋势、中期趋势及短期趋势三种，因此，描述价格变动的趋势线也分为长期趋势线、中期趋势线与短期趋势线三种。

由于价格波动经常变化，可能由升转跌，也可能由跌转升，甚至在上升或下跌途中转换方向，因此，反映价格变动的趋势线不可能一成不变，而要随着价格波动的实际情况进行调整。换句话说，价格不论是上升还是下跌，在任一发展方向上的趋势线都不是只有一条，而是若干条。不同的趋势线反映了不同时期价格波动的实际走向，研究这些趋势线的变化方向和特征，就能把握住价格波动的方向和特征。

（2）趋势线的画法。连接一段时间内价格波动的高点或低点可画出一条趋势线。在上升趋势中，将两个低点连成一条直线，就得到上升趋势线；在下降趋势中，将两个高点连成一条直线，就得到下降趋势线，如图2-11中的直线L。标准的趋势线必须由两个以上的高点或低点连接而成。

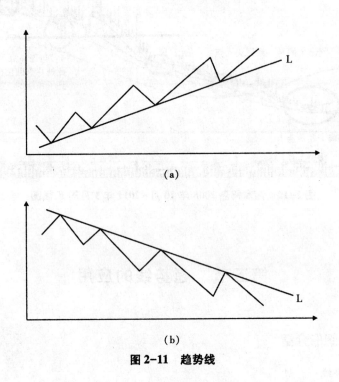

（a）

（b）

图2-11　趋势线

由图2-11中可看出，上升趋势线起支撑作用，是支撑线的一种；下降趋势线起压力作用，是压力线的一种。

从图上我们很容易画出趋势线，这并不意味着趋势线已经被我们掌握了。事实上，价格波动变幻莫测，在各种毛毛糙糙的实体、影线之下不一定能做出与所有高低点精确重合的趋势线，因此需要选择两个有决定意义的高点或低点来绘制。一般来说，上升趋势线的两个低点，应是两个反转低点，即下跌至某一低点开始回升，再下跌没有跌破前一低点又开始上升，则这两个低点就是两个反转低点；同理，决定下跌趋势线也需要两个反转高点，即上升至某一高点后开始下跌，回升未达前一高点又开始回跌，则这两个高点就是反转高点。

在若干条上升趋势线和下跌趋势线中，最重要的是原始上升趋势线或原始下跌趋势线。它们决定了价格波动的基本趋势，有着极其重要的意义。原始趋势的最低点是由下跌行情转为上升行情之最低，至少在 1 年中此价位没有再出现。例如，图 2-12 中 2003 年 1 月 3 日沪市的上海机场（600009）低点 8.65 元。原始趋势的最高点是上升行情转为下跌行情之最高点，同样至少在 1 年中此价位没有再出现。例如，2005 年 4 月 7 日上海机场（600009）高点 18.11 元。

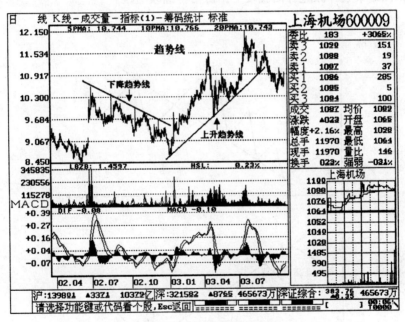

图 2-12 趋势线的实战案例

（3）趋势线的确认及其作用。要得到一条真正起作用的趋势线，要经多方面的验证才能最终确认，不合条件的一般应删除。首先，必须确实有趋势存在。也就是说，在上升趋势中，必须确认出两个依次上升的低点；在下降趋势中，必须确认出两个依次下降的高点才能确认趋势的存在。其次，画出直线后，还应得到第三个点的验证才能确认这条趋势线是有效的。一般说来，所画出的直线被触及的次数越多，其作为趋势线的有效性越能得到确认，用它进行预测越准确有效。另外，这条直线延续的时间越长，越具有有效性。

一般来说，趋势线有两种作用：

（1）对价格今后的变动起约束作用，使价格总保持在这条趋势线的上方（上升趋势线）或下方（下降趋势线）。实际上，就是起支撑和压力的作用。

（2）趋势线被突破后，就说明股价下一步的走势将要反转。越重要、越有效的趋势线被突破，其转势的信号越强烈。被突破的趋势线原来所起的支撑和压力作用，现在将相互交换角色（见图2-13）。趋势线被突破后，通常会有一轮回测（但并非一定会出现），来测试突破是否成功。例如，图2-14中下破上升趋势线后再度反弹，被前期趋势线压回，说明趋势线已经由支撑转为压力。回测结束后，原趋势彻底改变，价格将继续下跌。

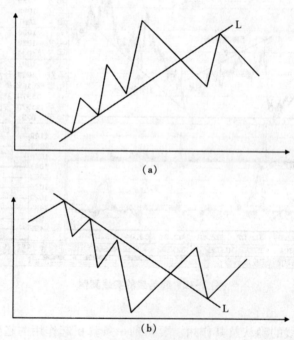

（a）

（b）

图2-13　趋势线突破后起相反作用

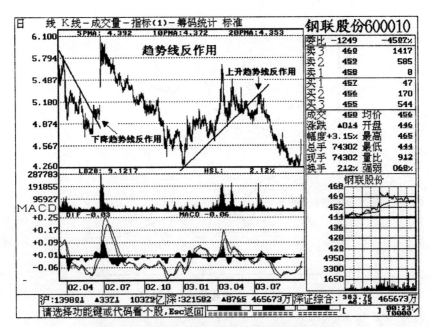

图2-14 趋势线突破后起相反作用的实战应用

从本质上，形态中的颈线、三角整理上下轨、箱体震荡的箱顶或箱底同样也是趋势线，一旦突破同样说明大势反转（箱体震荡就是说股价像是箱子中的一个皮球那样弹来弹去的，一旦碰到箱顶和箱底就会弹回，如图1-14、图1-19和图2-20中的震荡都可以看作是箱体，两条趋势线框定出箱体震荡的范围。一旦价格突破趋势线，变盘就开始了）。

2. 轨道线

轨道线又称通道线或管道线，是基于趋势线的一种方法。在已经得到了趋势线后，通过第一个峰或谷可以作出这条趋势线的平行线，这条平行线就是轨道线。如图2-15中的虚线。

两条平行线组成的轨道，就是常说的上升和下降轨道。轨道的作用是限制股价的变动范围，让它不能变得太离谱。一个轨道一旦得到确认，那么价格将在这个通道里变动。对上面或下面的直线的突破将意味着行情有一个大的变化。图2-16为轨道线的实战应用。

与突破趋势线不同，对轨道线的突破并不是趋势反转的开始，而是趋势加速的开始，即原来的趋势线的斜率将会增加，趋势线的方向将会更加陡峭（见图2-17和图2-18）。

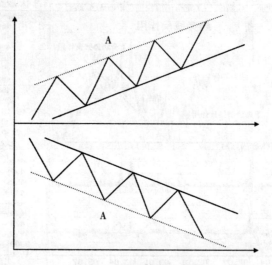

图 2-15　虚线即为轨道线

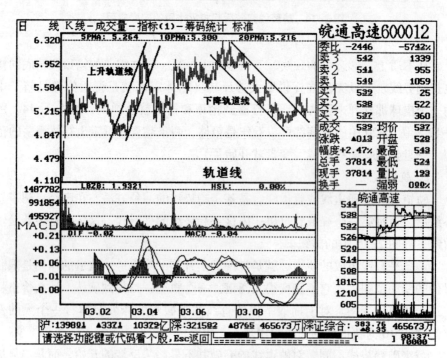

图 2-16　上升轨道线和下降轨道线的实战应用

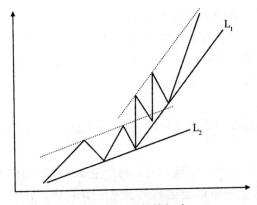

图 2-17 趋势的加速

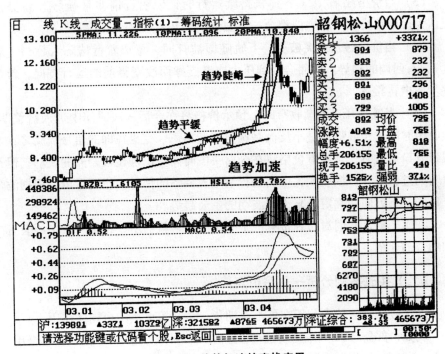

图 2-18 趋势加速的实战应用

  轨道线也有一个被确认的问题。一般而言，轨道线被触及的次数越多，延续的时间越长，其被认可的程度和重要性越高。

  轨道线的另一个作用是提出趋势转向的警报。如果在一次波动中未触及轨道线，离得很远就开始掉头，这往往是趋势将要改变的信号。这说明市场已经没有力量继续维持原有的上升或下降的趋势了。

轨道线和趋势线是相互合作的一对。很显然，先有趋势线，后有轨道线。趋势线比轨道线重要。趋势线可以单独存在，而轨道线则不能单独存在。如果没有趋势线，轨道线是没有意义的。

3. 布林带

布林带由一条移动平均线（中轨）、一条上轨、一条下轨组成，其应用法则如下：

（1）布林带的上、中、下轨均对价格产生支撑或压力作用。

（2）当价格处于中轨以上运行时，是强势趋势；处于中轨以下运行时，是弱势趋势。

（3）当价格贴着上（下）轨持续运行时，说明行情非常强势（弱势），应认为价格在突破中轨之前都会一直强势（弱势）下去。

（4）当价格触及或突破上、下轨随即被打回，意味着行情陷入超买（超卖），有回调的趋势。因而会受到压力或者支撑而改变当前的运行方向，价格逐步向中轨靠拢。

（5）当波带开口逐渐收窄时，预示价格将在今后一段时间中进入盘整期；但收窄时间过长或缩口过小反而是调整临近尾声、变盘在即的信号。反之，当波带开口放大时，预示着价格将在今后一段时间中出现比较剧烈的波动；但开口时间过长或开口幅度太大反而是行情陷入调整的信号。投资者可以根据波带开口的上下方向，确定未来价格波动的主要趋势。

在第二章，我们对布林带有一个大致的了解就够了，在第六章中还会有更加细致的介绍。

（二）实战案例分析——金价走势

除了股票外，技术分析在外汇、期货、黄金等市场中也同样适用。

例如，黄金与30周平均线就有很强的"亲和力"。在2009年1月至2011年6月，金价每次触及30周平均线就预示着新一轮行情的开启，一旦触及布林带上轨就会被压回，这也就成为了卖出信号（图2-19中布林带是以30周平均线、3倍标准差绘制的，与默认参数不一样）。当时金价从最低680点上涨至1920点，涨幅达到180%（国际盘中，黄金是以美元/盎司计价的，其中680点就是680美元/盎司。金本盎司中，1盎司=31.1035克）。作者当时就借助这简单有效的一买一卖，在黄金大牛市中获利颇丰，最终在1910点成功逃顶（原因是触及

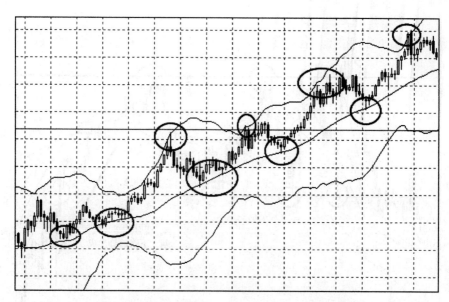

图 2-19 黄金 2009 年 1 月~2011 年 6 月周 K 线图

了布林带上轨、指标超买严重），而股市却走了 4 年大熊市。

可见，我们不一定把目光局限在股市当中。有时缺的不是赚钱的机遇，而是发现机遇的眼光。

当然，任何大牛市也有走熊的那一天，黄金也不例外，这一点同样可以从均线和形态上辨别。在图 2-20 中，黄金在跌破 30 周平均线之后形成了一个宽幅箱体震荡，箱体的上缘成为了一系列做空的时机，而箱体的下缘则成为了一系列做多的时机，从技术上很好把握。需要注意的是：在长期震荡中，均线组由多头排列逐渐转变为相互缠绕，说明黄金牛市暂告一段落，行情暂时以横向震荡为主，一旦突破箱体就会引发单边走势。如果能够有效地顺应行情、多做几个来回，在箱体中依旧可以获得不错的回报。最终，所有均线转为了空头排列，行情沿着 10 周平均线进入下跌模式。一根长阴黑 K 线重重地砸破箱体下缘，行情呈现出快速下跌的模式，也为投资者提供了做空获利的良机。

截至作者撰稿时，黄金已经在 2011 年开始的大熊市中运行了 4 年，跌幅达到 40%。而黄金的"小兄弟"白银更是从 50.5 点跌到了 14 点，跌幅超过 70%，熊得跟 2008 年股市不分胜负。但从另外一个角度来看，这也说明贵金属的调整相当充分。作者认为在不远的将来，金银还会重回大牛市。也许是今年，也许是明年、后年，但都要视技术图形而定。

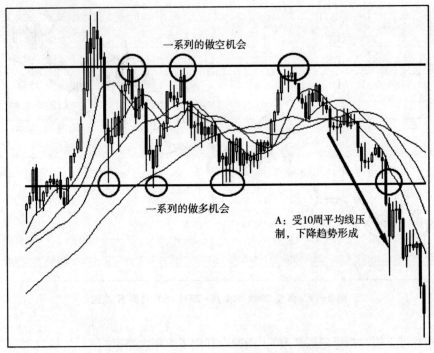

一系列的做空机会

一系列的做多机会

A：受10周平均线压制，下降趋势形成

图 2-20　黄金 2011 年 4 月~2013 年 6 月周 K 线图

第六节　三均线法则

移动平均线是对若干根 K 线的收盘价格求平均值画出的。例如，第 T 日的 5 日平均线位置，是 T-4、T-3、T-2、T-1、T 这 5 天收盘价格的平均值。做图时，这一平均价格画在了 T 日。但实际上，真正的样本是从 T-2 日向前延伸 2 天、再向后延伸 2 天得到的范围，它真正的重心应该在 T-2 日，而非 T 日。同理，11 日移动平均线的震荡中心是 T-5 日（向前延伸 5 天，向后延伸 5 天，再加上 T-5 日当天总共 11 天），而不是做图位置的第 T 日。因此均线存在一定的滞后性，而且周期越长的均线滞后性就越强。

对此，如果将 5 日平均线向左平移 2 天，11 日平均线向左平移 5 天，21 日平均线向左平移 10 天之后，这种滞后状态就会被消除，可以更好地反映当时的趋势。这种画法不能画出当天的均线，例如，今天的 21 日平均线需要在

10天之后才能画出，但关键在于，如果这三条平移后的均线出现了三线交叉共振，那么共振点就是一轮行情的中间位置所在。

例如，图2-21就是沪深300指数在2006~2012年的月K线图，其中A、B、C、D、E都处在当时行情的中间点，其上方和下方的空间基本一致。在2008年1月，平移后的三均线在A处形成了交叉，而且上下方点位基本相等。这时候投资者应该意识到牛市已成过去式。哪怕是当月最低点也在4606点，距离最高点已下跌28%，但距离本轮熊市最低1607点还有很长的路要走。如果在这时清醒地意识到大势已去、割肉离场，可以大幅度地降低损失。同理，在2009年1月，B处的三均线形成交叉，虽然上下方点位有一定的差异，但在实际运用中，三均线只要发出明确的交叉都能说明行情的结束，上下方点位不一定完全相等。沪深300指数当月最高点是2054点，哪怕在这个时候意识到暴跌已经结束、反弹即将来临的话，未来也有83%的涨幅，足够把前期割肉的亏损弥补回来。

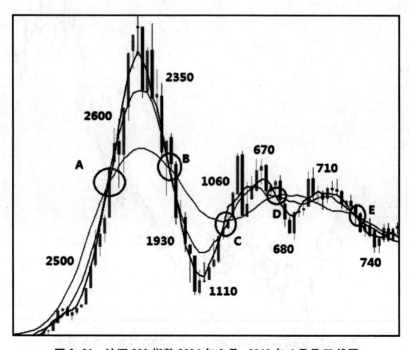

图2-21 沪深300指数2006年3月~2012年6月月K线图

类似地，在周K线上也能找到大量的运用。例如，图2-22和图2-23中，三均线交叉和日后调整都拟合得不错。当时作者正在为另一本书撰稿，其中就提到过图 2-23："这是现阶段沪深 300 指数，其中 F 点下方为 206 点，上方已运行了 209 点。目前三均线已经交叉共振，上下方点位大致相等，可以认为上升行情暂时告一段落，即将迎来一次调整。"随后还从其他技术分析的角度印证了调整幅度不会太深（因为从月 K 线图和成交量上看，牛市大基调已定，而且与这种图形类似的走势中也没出现过大幅调整。但要详细说明需要更多的篇幅，在此处先按下不表）。虽说这次调整无伤大雅，但对股指期货而言，任何微小的波动都是至关重要的，一旦踏错节拍就会左右挨耳光。经杠杆放大后，这 90 点的波动也会带来 27000 元的损益——还只是 1 手的持仓量。

仅仅是第二天，沪深 300 指数就以五连阴兑现了这一预言，随后就以更疯狂的走势开始了一轮新的征程，如图 2-24 所示。

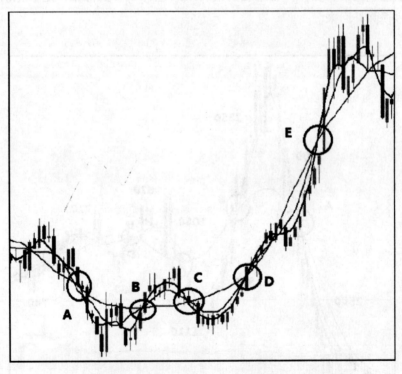

图 2-22　沪深 300 指数 2005 年 1 月~2006 年 8 月周 K 线图

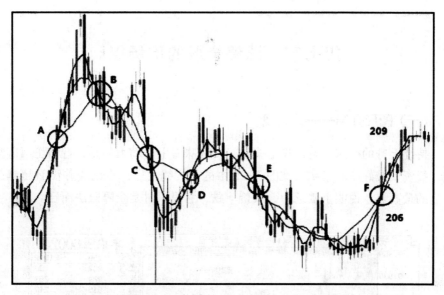

图 2-23　沪深 300 指数 2012 年 10 月~2014 年 10 月周 K 线图

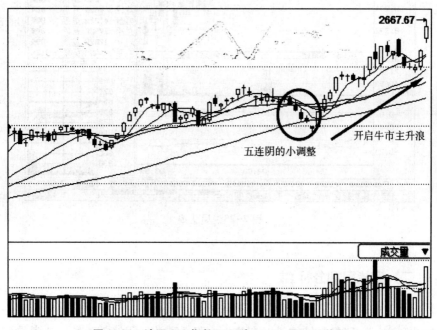

图 2-24　沪深 300 指数 2014 年 8~11 月日 K 线图

第七节　涨停个股的出场点

（一）图形介绍——尽头线

持续上升的行情一旦出现尽头线，就意味着上升动力不足，行情将回落整理，投资人最好获利了结。在图 2-25 中的尽头线之后，小阳线并没有超越前一日的最高点，说明上涨乏力，股价下跌，它只不过是个障眼法而已。

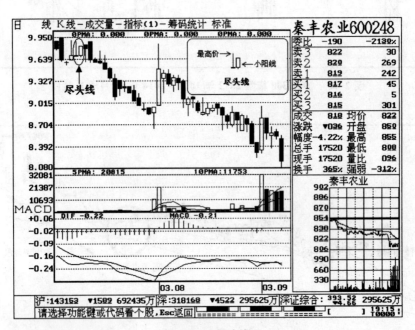

图 2-25　尽头线

（二）实战案例分析

每个人都可能受到财神眷顾，欣喜地抓住涨停股。但这之后呢？是赚一个板就获利离场，还是继续持股？有些人主张看到放量阴线就离场，或者看到跳空收阴离场。但这样做可能会错失后边的涨幅，如图 2-26 的吉峰农机。要是持续捂股，可能会陷入图 2-27 宝利来这样的窘境。事实上，图 2-27 中宝利来

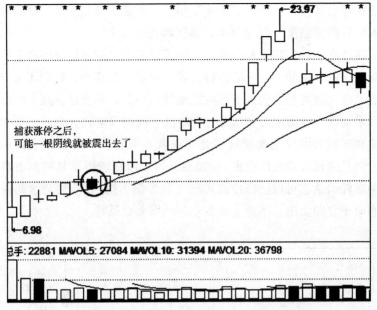

图 2-26 吉峰农机 2009 年 10~12 月日 K 线图

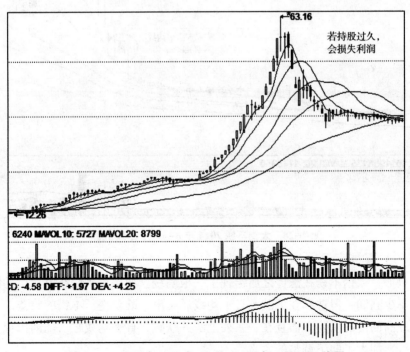

图 2-27 宝利来 1999 年 10 月~2000 年 5 月日 K 线图

就没有过像样的反弹，一路下跌到 4 元左右，真是从哪儿来的回哪儿去。而日后吉峰农机的调整幅度也超过 50%，将涨幅回吐大半。

所以问题来了：假如蒙财神眷顾买到了暴涨股，应该何时出场呢？准确把握住最高点是痴人说梦，不乏欺世盗名者。但退而求其次，我们还可以找到一个平衡点，在风险可控的前提下尽可能地放大利润，那就是，观察收盘时是否下破 5 日平均线。下破之后如认为过度暴涨、回调风险较大则应立即卖出，如吉峰农机和宝利来那样迅速翻数倍者（或者是下破当天的收盘最后一两分钟卖出，或者是隔日开盘立即卖出）；如果认为该股暴涨得不是特别厉害、认为还有上冲惯性的话也可以选择逢高卖出（如太钢不锈）。应注意这两种情况下作者都倾向于立即卖出，不能为蝇头小利承担太大风险。

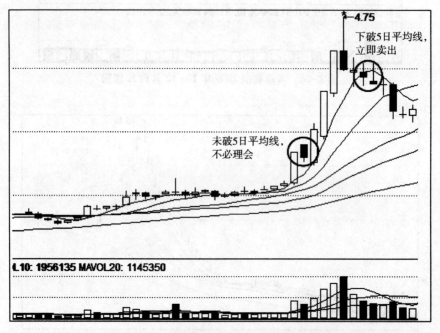

图 2-28　太钢不锈 2014 年 8~10 月日 K 线图

例如，太钢不锈在涨停之后出现了一根阴线。如果见到阴线就卖出的话会损失不少利润，但选择在下破 5 日平均线后卖出，既获得了不错的收益，也避免了冲高回落的风险。而且在一系列上涨并跌破 5 日平均线之后随即出现一根尽头线，加大了向下调整的含义。

再如，图 2-29 的广发证券，在拉升途中出现了一根跳空低开的阴线和一根放量长阴十字星，但没有下破 5 日平均线，我们暂时不必理会。在日后收盘跌破 5 日平均线的时候卖出，能够获得更高的利润。

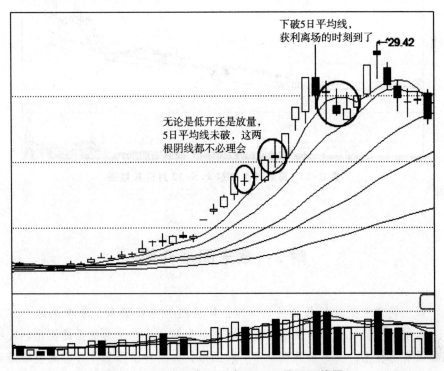

下破5日平均线，
获利离场的时刻到了 ←29.42

无论是低开还是放量，
5日平均线未破，这两
根阴线都不必理会

图 2-29　广发证券 2014 年 10~12 月日 K 线图

➡ 本章习题

在这半年中，粤电力涨势如虹。你能从图 2-30 中找到较好的买入点吗？试试看（从现在看股价涨势如虹，但在买入的时候我们不清楚后市会怎么走，因此，还需要考虑风险的问题），参考答案见书后。

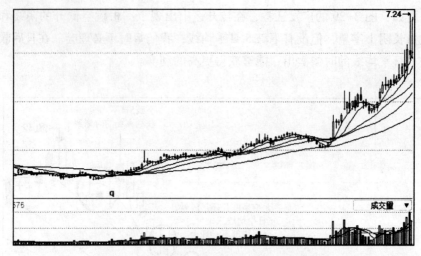

图 2-30　粤电力 A 2014 年 5~12 月日 K 线图

附 2：章末图形介绍

以上两章都是与 K 线相关的章节。K 线组合内容繁多，单单是这个方面写一本书都不为过。因为篇幅所限，本书只列举出一些较为重要的图形。K 线图都具有对称性，有时候只列举出一种图形，另一种图形稍作对称就能轻易理解。例如，大阳线是多头强势、行情看涨，那么大阴线肯定会与此相反，表示空头强势、行情看跌。让我们再看看下面几种 K 线：

（一）上档盘旋

股价随着强而有力的大阳线上涨，在高档稍做整理，也就是等待大量换手，随着成交量的扩大，即可判断另一波涨势的出现。上档盘整期为 6~11日，若时间过长则表示上涨无力。见图 2-31。

（二）并排阳线

持续涨势中，某日跳空现阳线，隔日又出现一条与其几乎并排的阳线，如果隔日开高盘，则可期待大行情的出现。这种 K 线常出现在暴涨股或涨停之前。见图 2-32。

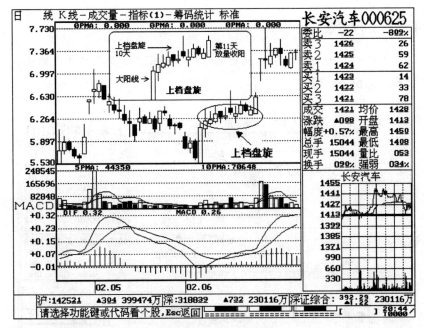

图 2-31　上档盘旋

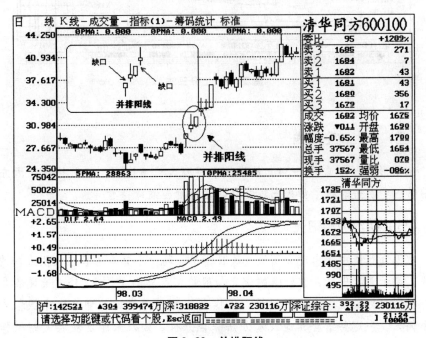

图 2-32　并排阳线

（三）上升三法

行情上涨中，大阳线之后出现三根连续小阴线，这是蓄势待发的征兆，股价将上升。见图2-33。

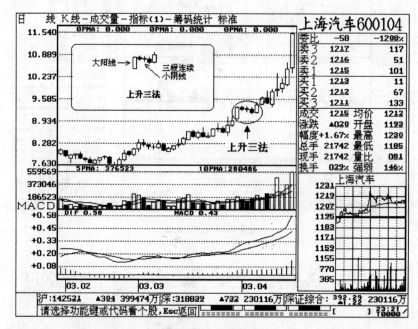

图 2-33　上升三法

（四）向上跳空阴线

此图形的形态见图2-34，虽不代表将有大行情出现，但可持续7天左右的涨势，为买进时机。如果出现在涨停之后则应继续持股待涨。

（五）阴线孕育阳线

在下跌行情中，出现大阴线的次日行情呈现一条完全包容在大阴线内的小阳线，显示卖盘出尽，有转盘的迹象，股价将反弹。见图2-35。虽说各类技术分析书籍都很推崇这样的线性，但作者认为：这种K线组合发出假信号的概率偏大，一定要结合其他技术方法综合分析。如果未能发现其他的反弹依据，那一定要当心发出假信号的可能。

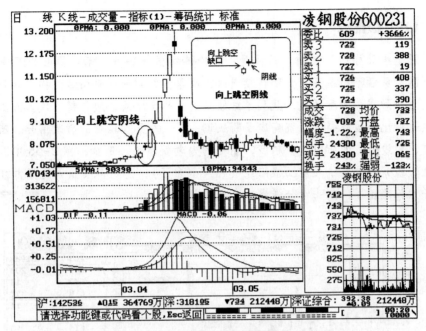

图 2-34 向上跳空阴线

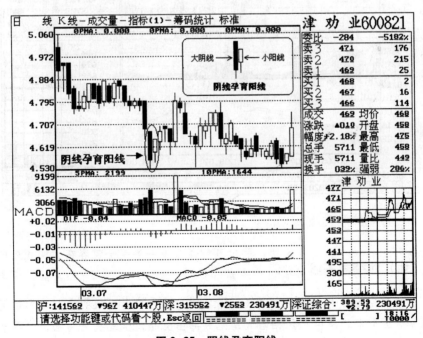

图 2-35 阴线孕育阳线

（六）覆盖线

覆盖线又称乌云盖顶。具体是：股价连续数天扬升之后，隔日以高盘开出，随后买盘不愿追高，大势持续滑落，收盘价跌到前一日阳线之内。这是超买之后所形成的卖压涌现，获利了结股票大量释出之故，股价将下跌。假如大阴线跌得比阳线还要低，就变成了断头铡，是一种更加强烈的看跌信号。断头铡中，阴线覆盖的阳线数量越多，空头的力量就越强。例如，图2-36中，一根大阴线完全覆盖了之前三根阳线（已经很多了），说明多头三天的努力被空头一天扫荡殆尽，空头十分强盛，变盘在即。

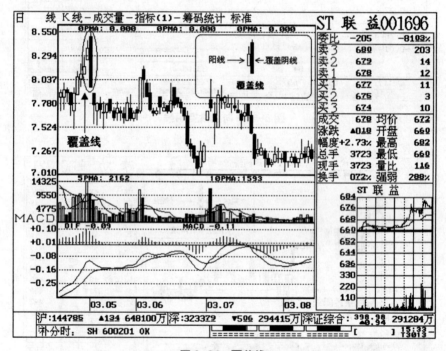

图2-36　覆盖线

（七）跳空舍子线

行情跳空上涨开出一条十字线，隔日却又跳空拉出一根阴线，暗示行情即将暴跌。此时股价涨幅已经相当大，无力再往上冲，以致跳空而下，为卖出信号，在此情况下，成交量往往也会随之减少。

见图 2-37，这个图形跟黄昏之星有些类似，一上一下两个跳空缺口加大了行情反转的韵味——在跳空上涨中，多头力量爆发殆尽，空头乘虚而入，并重新取得优势向下跳空爆发收阴，其线性本身就是一次反转。当然，这个图形并不太标准。如果阴线更长些，刺入阳线的部分更多些，看跌意味就更浓厚了。

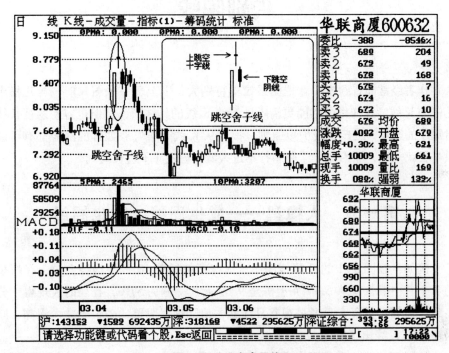

图 2-37 跳空舍子线

第三章　长线护短原则——从此告别骗线

作者经常能看到投资者把图线拉得特别大，以至于一张图只能包含几根十几根的 K 线。这样做虽然能更清晰地看清 K 线的具体形态，但也容易忽视长线对短线的影响，或曰长线护短原则。很多从 K 线上看气势如虹的涨势都有可能只是昙花一现，原因在于"胳膊拧不过大腿，短线斗不过长线"。

第一节　大橡塑——成也周线，败也周线

例如，在图 3-1 的日 K 线图中，大橡塑依托着 10 日平均线上攻，在短短的 2 个月中股价就从 6.17 元上涨至 9.69 元，涨幅为 57%，在当时表现得十分亮眼。但如果投资者只通过观察日线就去追随这只股票，恐怕会跌入深渊，原因在于周 K 线出了问题。

从周 K 线中，我们可以看出行情并非那么回事。该股自从 2008 年 11 月到 2010 年 7 月已经从 2.04 元上涨到 13.85 元（向前复权后），翻了六七倍，本身就有陷入长期回调的需求。从技术上，大橡塑在 1 年的时间内始终在上升楔形中运行，楔形本身就蕴含着反转的含义。不过上升趋势尚未完结，每次跌破 60 周平均线、触及上升趋势线的时候，行情很快反转向上，而且均线流的方向也是总体向上，呈现出支撑的作用。

但最终，楔形的反转属性让股价破位向下，先是跌破了 60 周平均线，然后又跌破了灰色的楔形，并在 A 处出现一次反弹。需要注意的是：

（1）B 处的反弹是触及楔形下轨和 60 周平均线后再次转折向下的，这说明前期的支撑线已经变成了压力线，从"助涨"转为"助跌"，这是行情由升转跌的关键信号之一。

（2）均线已经出现空头排列，宛如泉水般奔流而下，说明中长期趋势转坏，

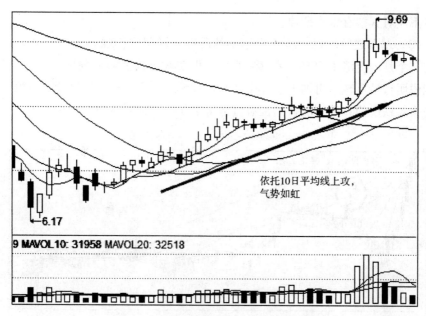

图 3-1 大橡塑 2012 年 1~3 月日 K 线图

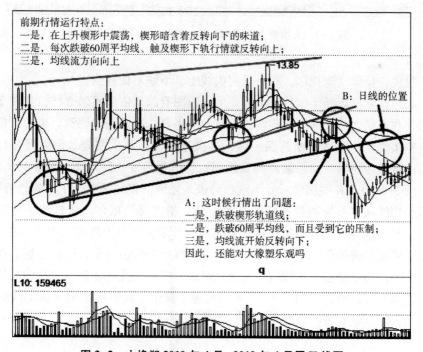

图 3-2 大橡塑 2010 年 4 月~2012 年 4 月周 K 线图

暂时不应对其抱有太大期望。

（3）A点之后出现连续6根不小的阴线，说明空头强盛。到了B处，虽然在2个月内上涨了50%，看起来很美，但实际上没能收复前期暴跌的阴线，不能说明行情反转。再加上空头排列的均线流，更不支持行情反转。因此，这只是个超跌反弹，等到反弹到位后行情将重新回归到下跌当中，见图3-3。

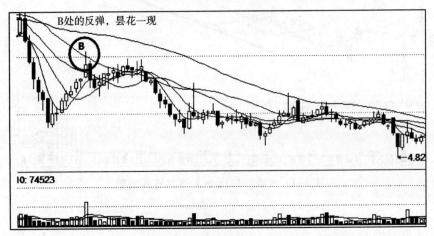

图3-3　大橡塑2011年12月~2013年8月周K线图

很快，反弹动能耗尽。在一系列阴线中，下跌不证自明。

大约在创出新低半年后，大橡塑的日线图看起来依旧不怎么样，如图3-4所示。在暴跌之后长期横向震荡，总有一种将要二次探底的感觉。再加上长期受到空头洗礼、行情不断震荡下跌，再次进场显得不太明智。但问题是日K线真的就是一切吗？如果翻开周K线图，恐怕又是另一番天地，如图3-5。

图3-5的周K线图暗示着下跌趋势进入尾声。首先是上破了下降趋势线，之后是均线从空头排列逐渐转为互相缠绕。根据葛兰威尔八大法则，一旦K线向上且站稳均线组将会是一轮中长期的上升阶段，会出现买入点。很快，K线便在两根阳线的作用下冲上了均线组，均线重新转为多头排列。之后，在两根阴线的回调中站稳了均线组，这里就是极佳的买入点。随后，大橡塑的价格不断震荡上升，最高达到了10.2元，实现了翻倍。就算在图末回踩均线的位置介入，后期也有着可观的利润，如图3-6所示。

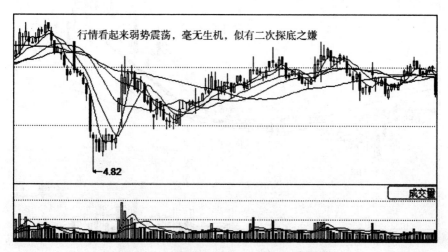

图3-4　大橡塑 2013 年 5~12 月日 K 线图

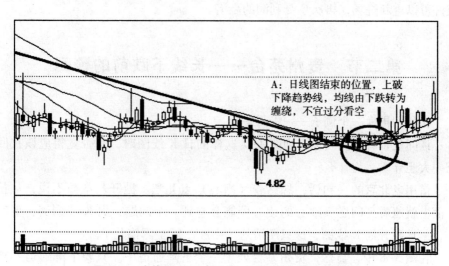

图3-5　大橡塑 2012 年 8 月~2014 年 2 月周 K 线图

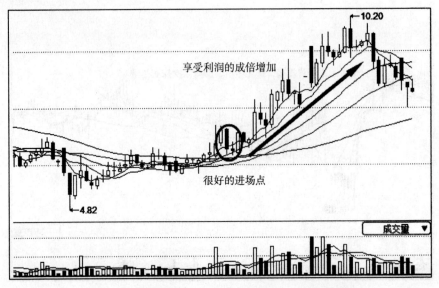

图 3-6　大橡塑 2013 年 5 月~2014 年 12 月周 K 线图

截至作者撰稿时，大橡塑的月 K 线图也逐渐转暖。等周 K 线回调到位后或许可以重新进场，再次享受利润的翻倍。

第二节　贵州茅台——长线下跌前的警示

让我们再换一个例子——贵州茅台。

请问投资者们：当你看到图 3-7 这样的日 K 线图时，是否觉得应该在回调中大胆介入，为什么？

借用老北京的一句话，您悠着（当心）点儿吧。抛开基本面不说，从技术面上就能看到问题。细心的读者可能会想到一个问题：周 K 线图呢？事实上，一旦翻开周 K 线图，这只所谓的"牛股"就全露馅儿了。

在图 3-8 中，显然，贵州茅台处于一个下降通道中。只要下降通道不被破坏，下跌趋势就会一直持续下去。当触及了下跌通道下轨的时候，在通道的支撑下有可能出现一轮反弹行情。再加上 K 线与中长期均线过远、均线之间距离过大，贵州茅台本身就存在着反弹的需求。

既然只是反弹，就不会扭转大势。等到反弹结束后，下跌行情依旧。因

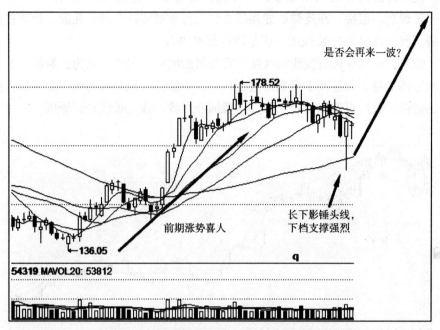

图 3-7 贵州茅台 2013 年 3~6 月日 K 线图

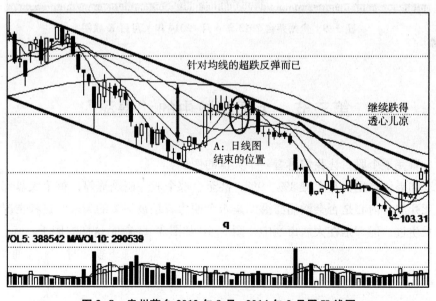

图 3-8 贵州茅台 2012 年 9 月~2014 年 2 月周 K 线图

此，没有理由在 A 处大胆做多，反而应该趁着反弹兑现短期获利，这样才不至于被深套。很快，在反弹动能耗尽之后，行情继续跌个透心儿凉，价格接近腰斩。翻开这时的日 K 线图，更是跌得稀里哗啦。

诚然，技术分析有骗线的时候，有失灵的时候，但作者认为：原因不在于技术分析本身，而是在于观察得过于片面，未能综合地分析问题，犯了盲人摸象的错误。最后再强调一句：不要忽视周线月线，谨记长线护短原则。

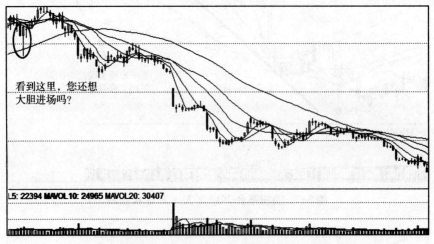

看到这里，您还想大胆进场吗?

L5: 22394 MAVOL10: 24965 MAVOL20: 30407

图 3-9　贵州茅台 2013 年 6 月~2014 年 1 月日 K 线图

第三节　上证指数中的"暴涨"

看完了个股，让我们再看一个大盘的例子。

如果你看见大盘上涨 8%、9%，甚至全部个股齐刷刷涨停，整个大盘都封得死死的，内心是否会汹涌澎湃? 是否会期待着超级牛市的到来? 这种情况曾经发生过，但却是在大熊市当中，图 3-10 和图 3-11 都是这样的例子。

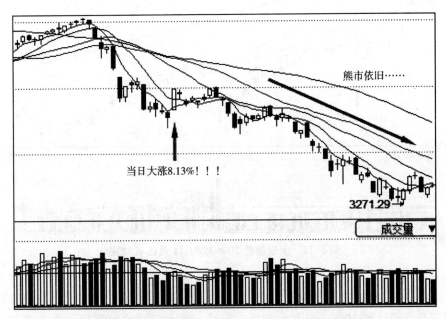

图 3-10　上证指数 2007 年 12 月~2008 年 4 月日 K 线图

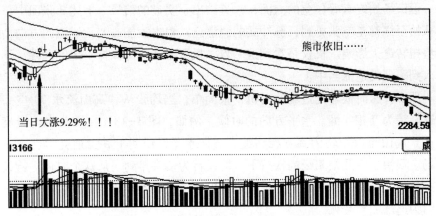

图 3-11　上证指数 2008 年 4~8 月日 K 线图

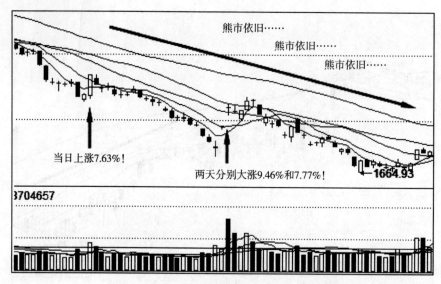

熊市依旧……

熊市依旧……

熊市依旧……

当日上涨7.63%！

两天分别大涨9.46%和7.77%！

1664.93

3704657

图 3-12　上证指数 2008 年 8~11 月日 K 线图

图 3-12 中，就在 9.46% 当天，全部股票齐刷刷涨停，只因部分权重股临时停牌才没达到 10%。当天大盘呈一字线，绝大多数时间都封死在涨停的位置，第二天又暴涨了 7.77%，依旧没能拖动这只"超级大狗熊"，实在令人无语。

但市场始终有着仁慈的一面，一直给出了明显的信号。上述 3 张图中，均线从始至终都是空头排列，脉冲式的急涨急跌根本没能改变均线流的方向，对大势扭转毫无影响。仅仅是看到这一点，投资者就应当保持一定的理性，不要加入到癫狂的追涨当中。

那么什么时候才是进场的时机？很简单，当均线从"高山流水"、空头排列逐渐转为互相纠缠、水平方向的时候。例如，图 3-13，在震荡中均线流逐渐从"高山流水"转为到互相纠缠、方向水平，说明下跌力道耗尽，应逢低进场。很快，在几根阳线的扶持下，均线转为多头排列。从这个时候，持续将近一年的大级别反弹开始了，投资者可以从中获取不少收益。但前提是——没有因为追涨而被套死。

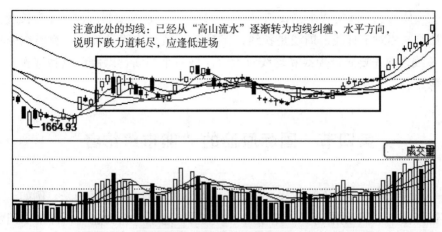

图 3-13　上证指数 2008 年 10 月~2009 年 2 月日 K 线图

刚才说了上涨，那么一天之内暴跌 8% 又会怎样？同样的，在大牛市中，只要不改均线方向问题都不大，如图 3-14 所示。

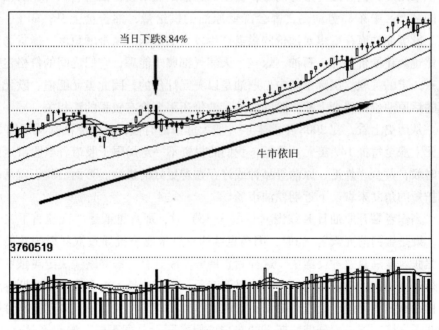

图 3-14　上证指数 2007 年 1~5 月日 K 线图

具体的例子还有很多，我们就不一一列举了。还是要提醒大家注意长线护短原则。相对于日线，周线是长线；相对于K线，均线是长线。我们在分析日K线之前先要通过周线和均线对大方向做一个判断，以做到趋利避害、不被忽悠。

第四节 国际原油的"熊市终结者"

随着投资渠道的不断拓宽，投资者也可以参与到原油市场中来。例如，工商银行在2013年就推出了"纸原油"的交易，它跟"纸黄金"一样采取记账的方式，价格紧盯国际原油，最小交易单位是0.1桶（约几十元），买入以后，你的原油就会在账面上"记录"下来，在网银上挂个单子就可以卖出。

石油是工业的血液，虽说太阳能、页岩气、核能、风能等新型能源不断投入使用，但在可预见的将来难以撼动石油的地位。对于油价，影响因素较多。从供求角度，世界经济形势向好，会增加原油的需求量，油价会上升；石油输出国减产、中东局势动荡，都会降低原油的供给量，油价会上升；OPEC会议、欧美原油库存量也对油价的供需产生较大的影响。从金融角度，通货膨胀自然也会让油价上涨。石油、煤炭、天然气都属于能源，它们之间的价格走势也有一定的关联。国际市场中，原油是以美元计价的，因此美元贬值、欧元升值的话原油价格将会上涨。除此之外，油价还跟金价有较强的正相关。

从历史上看，在2008年上半年A股大熊市的时候，纽约原油却从每桶86美元上涨至每桶147美元。可见，我们的投资不一定局限于股市。当股市走熊的时候，黄金、外汇、原油等品种或许存在着更好的机会。下面，我们就从长线护短的角度来看一下近期原油市场。

当作者翻开原油日K线图（见图3-15）时，那真可谓是"飞流直下三千尺，疑是银河落九天"。当时，因乌克兰的克里米亚公投导致俄罗斯与欧美关系紧张。在乌克兰冲突当中，这种紧张局势不断升级，最终欧美决定对俄罗斯实行经济制裁。从明面上，主要有以下三条：①禁止俄罗斯企业及俄罗斯金融机构在欧洲和美国市场进行融资；②取消军事及能源相关订单；③禁止部分俄罗斯人入境，冻结部分俄罗斯人的账户。但实际上，真正要命的却不是这些。因历史原因，俄罗斯的轻工业发展迟缓，大量生活物资需要从国外进口。如果这方面受到打击，结果将是致命的。2014年，在俄罗斯经济没有恶化的前提

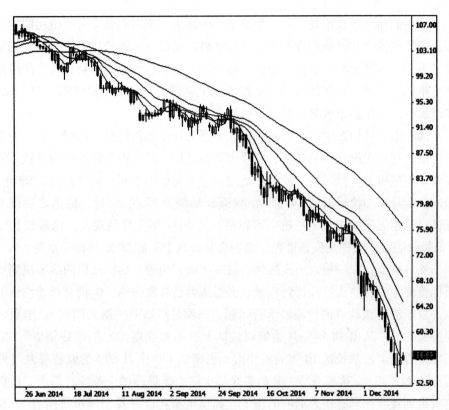

图 3-15　纽约原油 2014 年 6~12 月日 K 线图

下，卢布迅速贬值 50%。很显然，有幕后做手在攻击卢布。出口石油占俄罗斯出口创汇的比重很大，此时石油也跟着暴跌，加大了俄罗斯获取外币的难度。上一次石油暴跌是在 2008 年金融危机之时，但 2014 年的经济大环境肯定没有 2008 年那么糟糕，甚至还有复苏转暖的迹象。此外，OPEC 和众多石油输出国竟对此采取不闻不问，甚至默许的态度，这让作者更加怀疑这一切都是人为操纵的结果——欧美应该早就跟石油输出国达成"共识"了。

缺乏外汇流入，本币大规模贬值，造成进口成本大幅攀升，生活物资价格飞涨。据腾讯新闻报道：受卢布暴跌影响，俄罗斯当地人和生活在俄罗斯的外国人都在疯狂扫货，周末市场、超市挤满抢购人群，不少民众已经兑换外币，并赶忙在涨价之前囤积大量物品，不少货架都被一扫而空。这才是对俄制裁中最致命的一个环节——俄罗斯产业结构失衡，只要在进出口和汇率上出现问题，后果就会非常严重。对此，俄罗斯政府也出台了一系列的对策，但收效甚微。

让我们回到原油市场中来。如果是人为操纵，将来必然会有价值回归的过程。沙特等国也不可能容许石油长时间徘徊在低位——再这样下去，他们迟早会坐不住。所谓的经济制裁，也是杀敌一千自损八百的事，在利益为先的国际交往中也不可能一直持续下去。从技术面上，图3-16的月K线图也显示出，如继续下跌反而会出现非常好的投资机会。

国外市场结构跟中国有所不同，大多都呈现出急跌慢涨的行情，或者说牛长熊短，这点无论在商品市场、股票市场都适用，所以巴菲特才会说暴跌是给投资者创造机会。但这在中国却不适用，因市场结构不同。例如，在2008年，短短7个月原油价格就从147美元/桶疯狂暴跌至32美元/桶，但这之后毫不拖沓、迅速见底，出现了一轮牛市行情。从2014年7月到现在，已经经历了6根暴跌阴线，同样是疯狂重挫，是否会从时间上复制2008年那一次呢？

从价格上，在一根大阴线暴挫、跌破收敛三角形之后，几根阴线很快到达目标价位，说明空头已经得到宣泄、形态压力已释放完毕，但仍有可能惯性下跌一段距离（该软件的价格显示有问题，圆圈处应该是一根大阴线）。但更需要注意的是：从1998年底开始的超长期上升趋势线堪称"熊市终结者"，它精准地终结了原油长达10年的大熊市，也终结了7个月80%的疯狂暴跌（跌得比A股还狠）。这根原始上升趋势线是支撑力度最强的一条线。那么，就在空头得到宣泄、形态压力消解的当下，如果价格再次触及"熊市终结者"，是否会再次反转向上？作者认为这个可能非常大，没准能复制2008年的图形。或许有读者会问了：这种暴跌肯定会让均线迅速拐头向下、空头排列，为什么对此避而不谈？作者的回答是：不同市场具有不同的风格，国内外市场的运行规律、技术图形也会存在差异，不能生搬硬套。对于这一点，在第九章第一节中有所介绍。在前面曾提到过：国外市场急跌慢涨，价格经常在暴跌中一步到位，未必出现反弹之后的续跌、阴跌。因此，只需关注暴跌止跌点就可以了，不必像判断国内市场那样对均线流过度重视。但暴跌是否真的会在此处止跌？到时候还需要观察日K线图中的细节再下结论。虽说长线护短，但在某些关键节点上，还需要通过短期K线图来更细致地观察行情的波动方向、多空对比、支撑力道等，以判断是否变盘。这一思想在本书第四章第六节的承德露露案例中会再次出现。

作者将继续关注原油价格走势，希望抓住这个在暴跌中跌出来的机会。在图3-16中，2009~2010年的大反弹看着不多，实际上从32美元涨到114美元，翻了三四倍！

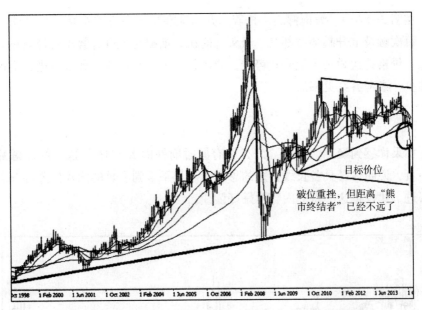

图 3-16　纽约原油 1998 年 12 月~2014 年 12 月月 K 线图

➡ **本章习题**

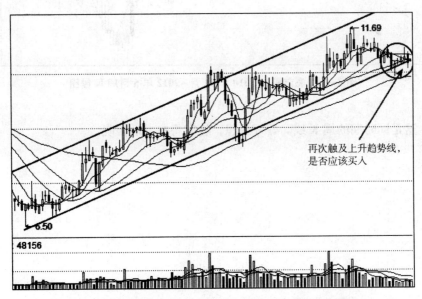

图 3-17　海南椰岛 2011 年 12 月~2012 年 6 月日 K 线图

在图 3-17 中，海南椰岛依托着上升通道在半年内近乎翻倍。根据切线理论，每次触及上升趋势线都是一个买入时机，前提是上升趋势没有被破坏。在图末，价格再次触及了上升趋势线，请问投资者是否应该在此处买进？应该买进多少？参考答案见书后。

如果你感到疑惑，带着"怎么没有同时期的周 K 线图"这样的疑虑翻到这一页，说明你已具备长线护短的思想了。如果看到上页的图片便要心安理得地买进，建议把这一章的内容再好好读读。

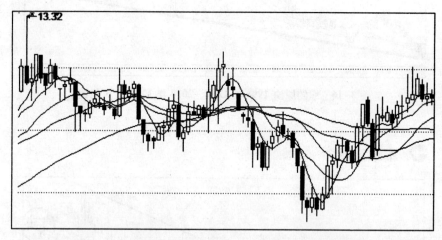

图 3-18　海南椰岛 2010 年 11 月~2012 年 6 月周 K 线图

这是同时期的周 K 线。好好想想，答案将在书后揭晓。

第四章 波浪理论——操盘的纲要

第一节 波浪理论的基本介绍

在开始本章案例之前，先让我们对波浪理论做一个简单的了解。

（一）波浪理论的形成历史及其基本思想

波浪理论是一种价格趋势分析理论，用来描述股票和期货交易价格波动的规律以及趋势。波浪理论是一种比较复杂而较难了解的技术分析方法，它的一些结论和预测，在开始时总是被认为很荒唐，但过后却不可思议地被证实。

1. 波浪理论的形成过程

波浪理论的形成过程比较复杂。20世纪30年代，美国技术分析大师艾略特（R. N. Elliott）发现并应用于证券市场，但没有形成完整的体系。20世纪70年代，柯林斯总结前人结果，完善了波浪理论，以专著《波浪理论》的出版作为波浪理论出现的标志。

2. 波浪理论的基本思想

艾略特认为：股价的波动如同大自然的潮汐一样，具有一定的规律性，即一浪跟着一浪，并且周而复始，展现出周期循环的必然性。波浪理论采用不同的周期方法，艾略特把周期分成规模不同的等级。在大周期之中存在小周期，而小周期又可以再细分成更小的周期。每个周期按照同一固定的模式进行。这个模式就是8浪结构，即每个周期都首先要经过5个步骤，然后是方向相反的另外3个步骤，这8个步骤完结以后，这个周期就结束，进入另一个周期；新的周期仍然遵循上述的模式。

投资者可以根据这些规律性的波动，来预测未来价格的走势，作为买卖策略。艾略特波浪理论的核心，是一个由8次波浪构成的股价变动的循环。每次股价变动的循环，均由5次上升波浪和3次调整波动构成。第1~第5波浪为上升波浪，其中第1、3、5波浪为推动浪（Impulse Wave），第2、第4波浪为上升波浪中的调整浪（Collective Wave），如图4-1所示，图中标注了每一波浪结束的位置。波浪理论主要分为三个部分——波浪的形态、浪与浪之间的比例和形成的时间。每一个大波浪分成几个中波浪，每一个中波浪又分成许多小波浪，一个完整的股市循环一共细分为144个小波浪，如图4-2和图4-3所示。该理论对股价变动趋势的发展具有明确的预测功能，适用于整体股价指数的分析与中、长期的投资研究和判断。

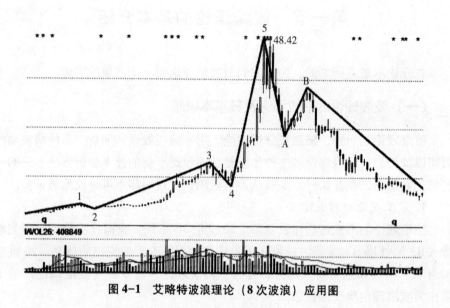

图4-1 艾略特波浪理论（8次波浪）应用图

波浪理论与道氏理论和弗波纳奇（Fibonacci）数列有密切的关系。道氏理论对价格移动三个等级的划分与波浪理论是吻合的。艾略特进一步找到了移动发生的时间和位置。艾略特波浪理论中所用到的数字都来自弗波纳奇数列。

（二）波浪理论的基本形态

波浪理论考虑三个因素——形态、比率和时间，形态最重要。形态是价格波动轨迹。比率是高点和低点的相对位置，可以确定将来价格波动可能达到的位置。时间是完成形态所经过的时间，可以预先知道趋势来临的时间。

艾略特认为，证券价格的上下波动是按照周期进行的。他发现，每一个周期（无论是上升还是下降）可以分成8个小的过程。8个小过程一结束，一次大的行动就结束了，紧接着的是另一次大的行动。无论趋势规模大小，8浪的基本形态结构是不会变化的。

图4-1右下角的附图中，0~1是第1浪，1~2是第2浪，2~3是第3浪，3~4是第4浪，4~5是第5浪。这5浪中，第1、第3和第5浪称为主浪，而第2和第4浪称为调整浪。主浪完成后，就是3浪调整，这3浪是从5到a的A浪、从a到b的B浪和从b到c的C浪。

从0到5是一个大的上升趋势，从5到c是一个大的下降趋势。这样，8浪结构也可以被当成2浪结构。3浪的长度经常是1浪的1.618倍（但不尽然）。作者认为：虽然很多人认为从黄金分割测量波浪长度具有独到之处，但落点很难掌握。如回调，常见的就有61.8%、50%、38.2%、23.6%，而不同波幅比也有123.6%、138.2%、161.8%、200%、268%等，目标太多容易让人无所适从。同时，黄金分割带本身也是压力位，有的时候恰好触及某个黄金分割点位，出现大阴线，行情被压回——看着好像是大势反转了，最后却变成了一个回调，继续反转向上，让人不知所措。所以，本书不对黄金分割进行深入的探讨。

但技术分析是可以相互印证的。某一个波浪走到最后阶段往往会通过成交量、形态、K线、指标、均线等其他技术面给出反转信号。这些比黄金分割的准确性要高一些。投资的时候，我们没必要去预设立场地认为价格会涨到哪哪哪，只需要抓住适当的买卖点即可。股市正如《波斯猫》唱得那样：它可以一成不变，也可以瞬息万变，但它从不为你做任何改变——还是要以客观、包容的心态去接纳市场中的一切，不要预设立场。

（三）波浪的等级

应用波浪理论需要判断波浪的等级，区别大浪和小浪。等级高的大浪可以分解成很多等级低的小浪，多个小浪也可以合并成一个大浪。等级高低是相对的。图4-2和图4-3是上升情况下的分解和合并示意图。

图4-2，等级最高的是2个大浪——W_1和W_2。从L_1到H是第一大浪，从H到L_2是第二大浪。同时，第一等级的W_1可以分成（1）、（2）、（3）、（4）、（5）共5个浪，W_2可以分成（a）、（b）、（c）共3个浪，一共有8个浪，它们是第二等级的波浪。第二等级的波浪可以再分解成第三等级的小浪，这就是图中的各个1、2、3、4、5以及a、b、c，一共有34个。

　　如果升降方向与它上一等级浪的升降方向相同，则该浪分解成5浪；如果不同，则分解成3浪。如图中的（2）浪，本身是下降，而（2）浪的上一等级 W_1 是上升，所以（2）浪分成3浪。

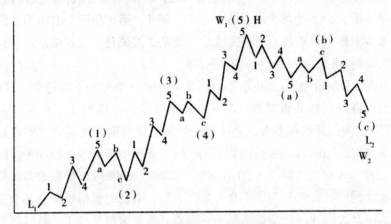

图4-2　艾略特波浪理论应用图

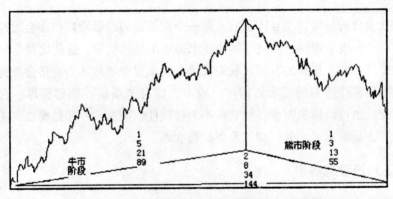

图4-3　艾略特波浪理论（144个波浪）应用图

　　W_1 由5浪组成，同时又是由更小的21浪组成；W_2 由3浪组成，同时又是由更小的13浪组成。W_1 和 W_2 合在一起是2浪，同时又是由8浪组成，此外还是由34个更小的浪组成。如果出现更高等级的浪，还可以看到比34大的弗波纳奇数。

（四）波浪的特性

（1）第1浪，大约半数的第1浪属于营造底部形态的一部分，跟随这类第1浪出现的第2浪的调整幅度通常较大；其余一半第1浪则在大型调整形态之后出现，这类第1浪升幅较为可观。

（2）第2浪，有时调整幅度颇大，令市场人士误以为熊市尚未完结，成交量逐渐缩小，波幅较细，反映抛售压力越来越小，出现传统图表中的转向形态，如头肩底、双底等。

（3）第3浪，通常属于最具爆炸性的波浪，运行时间及幅度属于最长的一个波浪，大部分时间成为延伸浪，成交量增大，出现传统图表中的突破讯号，如裂口跳升等。

（4）第4浪，经常以较为复杂的形态出现，以三角形调整形态运行的机会亦甚多，通常在低一级的对上一个第4浪的范围内完结，浪底不会低于第1浪的顶。

（5）第5浪，股市中第5浪的升幅，一般较第3浪小；而在期货等杠杆市场中，第五浪容易因市场情绪癫狂出现延伸，致使其涨幅超越第3浪。

（6）A浪，市场人士认为市势仍未逆转，只视为一个短暂的调整，一步调整到位的A浪之后，B浪将会以向上的"之"字形形态出现；如果A浪以"之"字形形态运行，则B浪多会一步反弹到位。

（7）B浪，升势较为情绪化，出现传统图表中的牛市陷阱，市场人士误以为上一个上升浪尚未完结，易出现量能退潮。

（8）C浪，破坏力较强，与第3浪的特性甚为相似，全面性下跌。

当然，以上内容只是对波浪理论最简要的概述。实际上，任何技术分析都是易懂难精，在市场面前我们永远是学生。

第二节　利用三角浪分析太钢不锈

（一）图形介绍——三角浪

通过波浪理论，我们能够得知价格运行阶段、框定大致的运行方向，甚至找出未来的运行强度。但这当中有一个最大的问题：并不是所有的波浪都是标准的"5—3"结构，非标准浪种类繁多，且大量存在于每一个交易品种中，这是精通波浪理论必须越过的一道坎。

越是调整浪就越容易出现非标准浪。在1、3、5的推动浪中，非标准浪不多见；但在2、4浪中，非标准浪就比较多了。A、C浪在更大一级别中，肯定是某个调整浪的子浪，因此也会出现非标准浪的形式。最后就是B浪，它首先是A浪的调整浪，同时又是更大一级别A—B—C调整浪中的一部分，两种调整相叠加使其浪形更是多种多样。下面让我们介绍一下非标准浪中较为常见的一种——三角浪（见图4-4）。

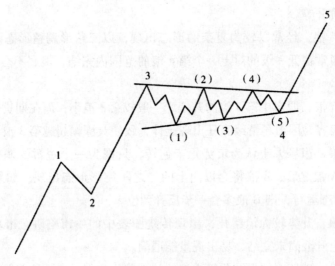

图4-4　三角浪图示

三角浪通常出现在第4浪中，偶尔也会出现在2浪或B浪。三角浪包含5个子浪，每个子浪又会包含3个细浪，其图形跟前面提到的三角整理相同，都是在一个越来越窄的区间内运动。三角浪同样也分为上升三角、对称三角、下降三角三种模式。形态学将三角整理划分为A、B、C、D、E、F共6个点5次波动就是从波浪理论中借鉴来的（参见第一章章末图形介绍）。当然，我们没必要把握太过细致的波浪结构，只要找到适当的操作点即可。

（二）实战案例分析——太钢不锈

根据长线护短原则，我们先看一下周 K 线图（见图 4-5）。在周 K 线图当中，已经呈现出明显的 5 浪结构，很可能会进入到 A、B、C 的下跌 3 浪中，说明该股票不宜介入。

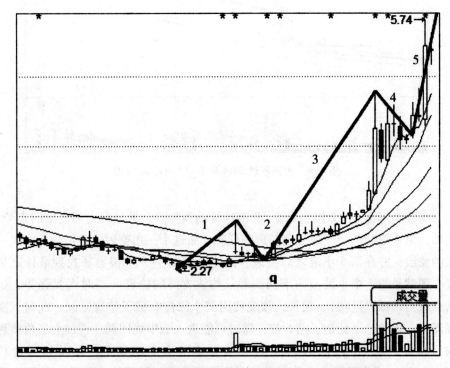

图 4-5　太钢不锈 2013 年 9 月~2014 年 12 月周 K 线图

其实，在第 4 浪中，作者就已经关注到了这一只股票，认为将要出现第 5 浪的上冲走势，并伺机做多。至于具体的操作，先让我们看看日 K 线图（如图 4-6 所示）。

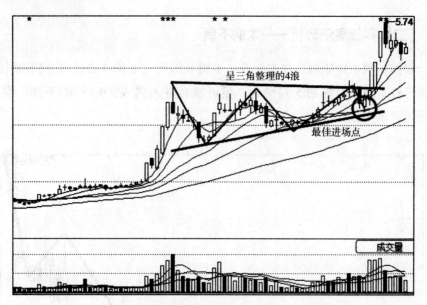

呈三角整理的4浪

最佳进场点

成交量

图 4-6 太钢不锈 2014 年 8~12 月日 K 线图

在波浪理论中，2 浪、4 浪、B 浪这样的调整浪常常呈现出不规则的走势。例如，第 4 浪经常会变成三角整理的形态，而这个三角整理通常包括 5 个次一级的波浪，并在第 5 小浪之后突破。因此，在图 4-5 中很容易找到最佳进场点，那就是第 5 个小波浪向下回调触及均线支撑的位置（当时大盘强势，进场点应当稍微激进些）。很快，该股就用两个涨停突破了整理区间。此时，需要谨记：该股已经到达了第 5 浪，随时可能进入到中线回调。再加上三角整理的目标价位已经达到，不应对这只股票抱有太大的期望，触及目标价位（5.68 元），或在跌破 5 日均线之后就应择机离场，就算未来还能上冲那也是风险大于收益了，不如去选一些更适宜操作的个股。

就在作者即将截稿时，太钢不锈触及 5.92 元之后开始回落，目前跌幅已达 23%。

第三节 利用楔形浪分析上证指数

（一）图形介绍——楔形浪

除了三角浪还有很多的非标准浪，其中楔形浪也很常见。从理论上，楔形浪可能出现在 8 浪当中的任何一个波浪上。但就作者观察，楔形浪大多出现在 5 浪或 C 浪。楔形浪跟形态学中描述的一样，带有反转的含义，其中包含 3—3—3—3—3 共 5 个子浪。在图 4-7 中，当行情最后一次跌破楔形下轨的时候，趋势就反转了。楔形浪有一定的迷惑性。当投资者看到价格走到第 5 浪并快速下跌的时候，很有可能认为 5 浪已经结束、进入了 A 浪。殊不知行情迅速止跌回暖，并再创新高（图 4-7 中的 5—（3）浪）。这个时候就应该怀疑第 5 浪是一个楔形浪了。虽说行情再创新高，但已进入尾声，未来涨幅有限。投资者不应过分追涨，而应该保持冷静、理智对待。A—B—C 浪只是被推迟了一些，该来的总会来的。

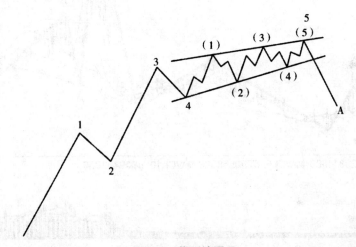

图 4-7　楔形浪图示

最后要强调的是，楔形是唯一一种允许第 1 浪和第 4 浪出现重叠的波浪。关于这一点，可参见本章第四节中的铁律一（铁律是波浪理论中不能违反的规律）。

（二）实战案例分析——上证指数

说完了太钢不锈，让我们再去看看大盘。作者认为，上证指数的波浪走得相当"规整"，运用波浪理论进行分析能够起到事半功倍的作用。同样地，根据长线护短原则，让我们先看看最长的 K 线图——季线。因为波浪理论中有着大浪套小浪的特点，例如 1、3、5、A、C 浪包含 5 个次一级的小浪，2、4、

B浪则包含3个次一级的小浪。为了避免混淆，笔者将用一、二、三等来代表巨浪，用1、2、3、4、5、A、B、C等代表大浪，用（1）、（2）、（3）、（4）、（5）、a、b、c等小写代表中浪，用①、②、③、④、⑤、（a）、（b）、（c）等括号代表小浪。现在，让我们开始吧。

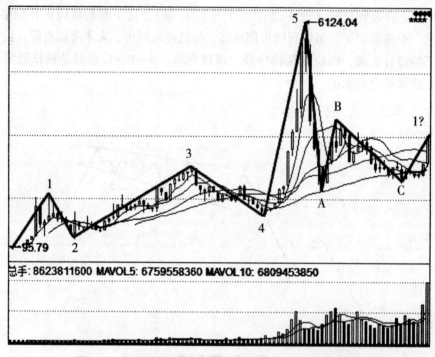

图4-8　上证指数1990年12月~2014年12月季K线图

　　在图4-8中，作者已经把一种数浪方式标注其中。有人认为波浪理论中第1、第4浪不能重叠，这也是上述数浪方式中不周的地方。早在上海证券交易所成立之前我国就已经出现股票了。如真要较真儿的话也应该从那时候开始数浪，但因数据缺失，作者只是在图4-9中"臆想"出了另一种更加严谨的数浪方式——真正的一浪应该从20世纪80年代我国出现第一张股票时开始计算。经历了若干年以后上证交易所正式成立，这时候整个股票的波动已经进入到了第3大浪的第（3）小浪中，并在1993年的一片癫狂中落幕。之后，1996~2000年的大牛市实际上是第三大浪的又一个中浪了，其结束点位也没有跟上证成立以前的1浪有重叠的区域——符合了波浪理论的基本原则。随后，在又一次狂热中股市冲上 6000 点，泡沫破裂、一地鸡毛。

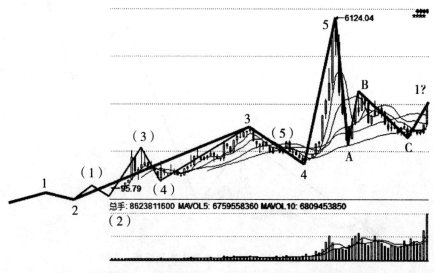

图 4-9　上证指数? ~2014 年 12 月季 K 线图

事实上，图 4-8 和图 4-9 的差异并不重要：我们不是做理论研究的，更不是金融史学家，我们只是来股市挣钱的。在 5 浪结束之后，股市陷入了长达 6 年的大熊市，可以清晰地辨别出 A—B—C 的波浪来，其时间、点位也可以与前述波浪基本对应。在 C 浪过后，理应出现新的第一大浪，也就是另一轮牛市的到来。而从更大级别上来看，1、2、3、4、5 共同构成了第一巨浪，此后 2008~2013 年的大熊市是第二巨浪。如果图 4-9 中的大 C 浪已经结束，那理应进入到第三巨浪，也就是主升浪当中来。这意味着未来一二十年中的牛市会更强、更长，熊市会比前一二十年要孱弱一些，这自然是大家喜闻乐见的事，如图 4-10 所示。

当然，要想进入第三巨浪，前提是二浪 C 已经结束了。但问题是，C 浪真的结束了吗？这就需要切换到月 K 线做进一步分析了。在月 K 线图中，如将全部图线叠加进来会太过凌乱。因此，作者把它拆成了两张图，并隐去了均线。

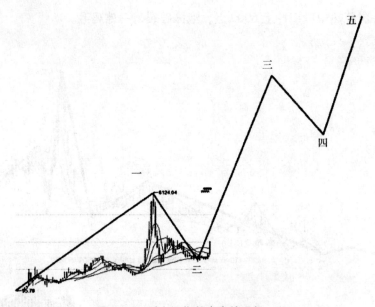

图 4-10   对上证指数未来的设想

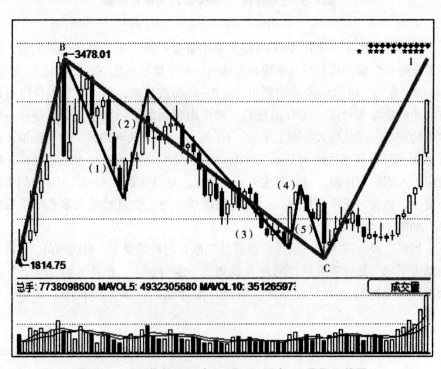

图 4-11   上证指数 2008 年 12 月~2014 年 12 月月 K 线图

在图4-11中，我们可以看到C浪的5个子浪；在图4-12中，这5个子浪始终处于一个下降楔形当中。根据波浪理论和形态学，楔形在第（5）小浪结束后将突破并反转。因此，当价格第5次触及楔形的通道就是第一买入点。此后，一根大阳线上破下降趋势线，说明下降趋势的完结，买方再次控制了市场。对楔形的突破也标志着C浪的结束——牛市正式到来，压抑的日子告一个段落。

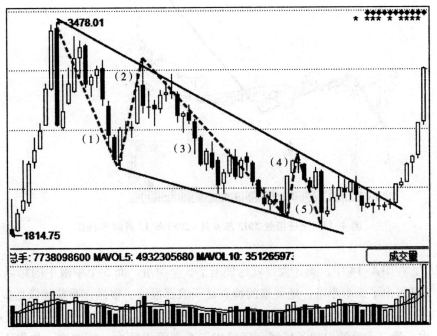

图4-12　上证指数2008年12月~2014年12月月K线图

后市将如何呢？让我们再分析一下周K线图。

在周K线图中，很明显，自从C浪结束后目前进入到新的牛市当中。第3浪是一轮行情的主升浪，很容易出现大跳空、长连阳的走势。例如，图4-11末端就出现了若干根巨阳线，这正是主升浪的特征（目前处于第三巨浪的第1大浪的（3）中浪，简写为三1（3））。至于主升浪的落点，可以通过其他技术分析进行估算，但这已超越了本章的范围。不过，作者可以很肯定地说：近两年的牛市尚未完结，哪怕是最悲观的情况也要再走第（4）、第（5）浪之后才有可能进入熊市（第三巨浪第2大浪）。而较为乐观的情况是出现延展浪。

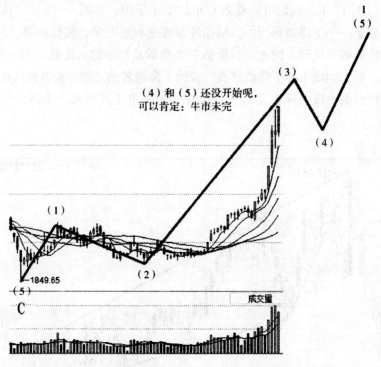

图4-13 上证指数 2013 年 6 月~2014 年 12 月周 K 线图

例如，在图 4-14 中，第 3 大浪就延展出了 5 个中浪，而 5 个中浪中的第（3）浪又延展出了 5 个小浪。延展浪的特点是子浪都很长、很强，看着就像是多出了若干个母浪似的，如在 2006~2008 年上证指数就出现过这一情况：在图 4-15 中，第三大浪就出现了延展，延展成了 5 个很强的次一级波浪。如果不出现延展浪，牛市会有 5 个主要波浪；如果出现一次延展，牛市会有 9 个主要波浪；如果出现两次延展，就会有 13 个主要波浪；依次类推，但不会出现 3、7、11 这样的波浪数量（这些数量应该出现在调整浪或反弹浪，即在 2、4、B 的背景下出现延展）。在 2007 年当大盘达到 4335 点时，市场上就有很多牛市完结的言论。从更高一级波浪上看，如果当时的大牛市处于第 5 大浪，无论如何也不应该具有 7 个中浪，所以很明显——牛市还没走完。随后，大盘就创出了 6124 点的新高。可见，如果多懂一些波浪理论就会对大势具有更明确的认识。正所谓那股海谚语：看大势挣大钱，看小势挣小钱，看错势倒赔钱。

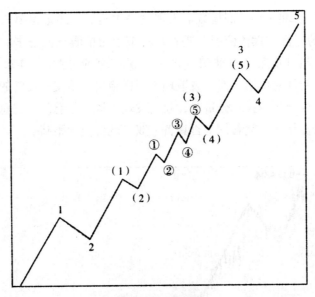

图 4-14　延展浪

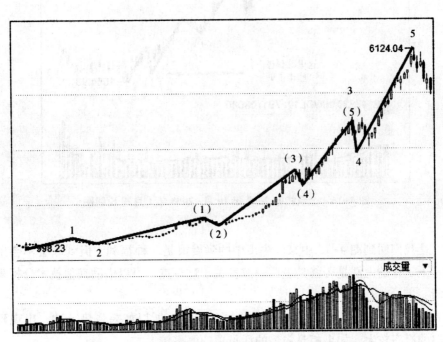

图 4-15　上证指数 2005 年 6 月～2007 年 11 月日 K 线图

　　同样地，在 2008 年上证指数也出现过一次延展。还记得第三章第三节图
3-12 中飘来的三行"熊市依旧"吗？从波浪上也能看出问题来。显然，从下
跌起点算起，当时是第 7 个波浪（图中 3 浪结束的位置），熊市不应在此驻
足，而应再创新低完成第 5 浪。波浪理论同样给出了不支持反转的信号。还是
那句话：当你综合运用技术分析时，就会发现市场是仁慈的，它总是会煞费苦
心地要传达给你什么，就看你是否具备一双发现价值的眼睛。

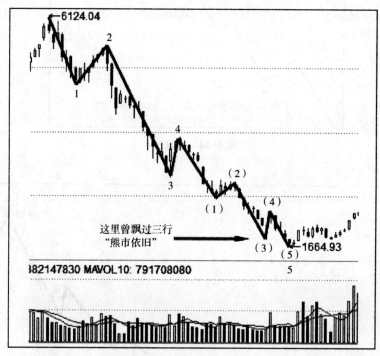

图 4-16　上证指数 2007 年 10 月~2008 年 1 月周 K 线图

　　让我们回到图 4-13 中来。牛市中的延展浪是一种福利，但到底会不会出
现？下一轮的上涨是否就是最后一波？关于这一点，可以借助其他技术分析来
判断：

　　（1）从力道上，趋势强盛才会出现延展浪。所以如果强势上冲，出现延
展浪的概率较大，如果相对弱势的话见顶的概率较大。

　　（2）延展浪之后的调整都不会太大，如图 4-15 中的 3—（2）、3—（4），
图 4-16 中的 5—（2）、5—（4），无论从时间还是点位上都宛如蜻蜓点水，

跟图4-15和图4-16中的第2浪明显不同（因为图形高度压缩，图4-15中的2浪看似不深，但实际上回吐了一浪70%的涨幅）。

（3）就作者观察，牛市末期多数会出现严重的量能退潮——甚至可以说周K线上的量能退潮就是老牛的丧钟。关于这一点，将会在后续章节中详细展开。

（4）股市中，3浪出现延展的概率最大，其次是5浪和C浪，1浪则很少出现。商品市场中（原油、黄金、大豆、玉米等）延展浪最有可能出现在第5浪，而国外的债券市场中更多地出现在第1浪。

总之，本轮牛市是否会出现延展目前尚不知晓，只能通过进一步的观察才能得出结论。而这，就要看读者对波浪理论的掌握程度了。

第四节 金价中的波浪

（一）操作介绍：做空、杠杆

作者不建议经验不足、涉市未深的投资者踏入到金融衍生品市场中，因为风险过大，爆仓（保证金不足被强行平仓）毫不稀奇。本操作介绍仅作为知识拓展让投资者有个大致了解，以便读懂后续内容。如果想投资黄金，建议选择纸黄金。

衍生品包括期货、期权、远期交易等，其交易特点是用少量保证金就能够交易大量的标的物。例如，目前股指期货的最低保证金比例是12%，假如当前沪深300期货为3000点。按照交易规则，1手中每变动1点会带来300元的盈亏，那么就意味着1手合约的总价值是3000点×300元＝90万元。但在交易过程中，若想买入1手期货不必全额缴付，只需支付证券公司规定的初始保证金就行了（初始保证金通常高于交易所规定的最低保证金比例）。例如，A公司规定最低需要支付15%的保证金，那么只需要支付90万×15%＝13.5万元就可以买入一手，其效果是仅用小部分资金就撬动了大量的交易，起到以小博大的作用。如果沪深300上涨到3300点，那么利润就是每点300元乘上300点，为9万元，将获利从原来的10%放大到67%。

但是以小博大风险也大。如不幸下跌到2897点，那么亏损金额为103点×300元＝30900元，3.34%的下跌就造成了23%的亏损。此时，保证金已不足

12%的最低限度，如不及时补充将面临被系统强行平仓的风险——也就是说这些亏损再也抗不回来了。在以小博大中，有时候看对了方向，但有时会被一些小的波动、小的震仓扫地出门。因此，交易所和券商总劝告投资者将保证金准备得充足一些。假如留有余地的，除了那13.5万元以外再准备10万元额外的保证金，就能避免被强行平仓的命运。但无论如何，收益和风险都是被成倍放大了的，投资者还是小心为上，最好不要涉足。

而衍生品当中的"做空"说白了就是"跌了赚涨了赔"的一种交易模式，这与十几年前股市中所说的做空并不相同。以黄金为例，我可以缴纳足额保证金从交易所"借"一批黄金，然后把黄金卖掉，等待价格下跌之后再把这批黄金买回来归还给交易所，交易所再把保证金归还给我。这样，就完成了高卖低买，在下跌中赚钱。目前，融资融券也是相似的套路：缴纳一定的保证资金或证券，从证券公司借一部分股票，卖出之后待价格下跌再买回来归还给交易所，从而获得盈利。股指期货也是同样的套路。但要指出的是：做空交易的风险较大。因为价格最多只会跌到0，但上涨可能是无穷无尽的。如不用杠杆，如果盈利的话做多可能翻数倍，做空最多赚1倍（即价格跌到0）；反过来，如果亏损的话，做多最多亏1倍，但做空的亏损有可能是无穷无尽的（即价格几倍、几十倍地上涨）。因此，总体而言做空的风险更大一些，需要更加严格的风险控制。

（二）实战案例分析——黄金价格

就多年来的观察，作者发现黄金市场的运作规律与波浪理论拟合得很好。在图4-17中，几个浪、一根线就足以将市场把握得很好。

在第二章第五节中曾从均线、形态、K线的角度介绍过黄金的这一段走势，下面让我们从波浪的角度来重新审视它。在图4-17中，黄金始终依托着30周平均线上冲，每次中期调整都恰好触碰到30周平均线即告结束，这条线也就成为了"牛市生命线"。从681点到1920点，3年的时间中这头牛这条线承载了太多太多，终究有承担不下去的那一天——第五浪的结束，将宣告牛市的终结。在图4-17中，清晰地标注出了每一浪的终点，其中第五巨浪出现了3个延展浪。但问题是，第五浪真的结束了吗？会不会继续延伸下去？从图中看五浪好像出现了7个大浪，按照波浪理论，如果在推动浪中出现7个浪就意味着会出现9浪结构，是否应期待进一步的上扬呢？

可惜，这一切都太过主观了。没错，从周K线图上看好像是7个子浪，

图4-17　现货黄金周线 2008 年 10 月~2011 年 9 月周 K 线图

但要是切换到日 K 线图中，情况就大不一样了。

首先要说明的是，波浪理论中有如下三条铁律：

铁律一：1 浪和 4 浪不能有重叠的地方（楔形浪除外），在这里作者将图 4-8 中的波浪修正成了图 4-9。

铁律二：在 1、3、5 这 3 个推动浪中，3 浪不能是最短的一浪（但不一定是最长的那一浪）。

铁律三：3 浪的起点不能低于 1 浪的起点。

如果在数浪的时候违反了这三个铁律之一，就说明波浪的定位有问题。

除此之外，还有如下两条定律：

定律一：5 浪的终点应该高于 3 浪，C 浪终点应该低于 A 浪。

定律二：在 1、3、5 这 3 个浪中，一般有 2 个浪在点位上较为接近，另一个浪要么比它们长一些，要么比它们短一些，点数上会存在较大差异。例如，

图 4-15 中（3）浪（3268 点）和（5）浪（2720 点）较为接近，一浪非常短（225 点）。[1] 图 4-16 中 3 浪和 5 浪的长度接近，1 浪相对较短；5 浪当中（1）、（3）浪较为接近，（5）浪相对较短。

这两条定律在大多数情况下是成立的，只有个别的情况下例外。在本章第三节中，上证指数 C 浪未能创 A 浪新低，但当时笔者在日、月、周三个级别 K 图线的价量关系、移动平均线、形态学、K 线及从市场情绪、宏观基本面等各个方面都看到了见底信号，有非常充分的证据说明大势反转——表明这就是前述的极个别情况（详见第六章第七节：上证指数熊转牛综合分析）。当然，假如看不到特别充分的理由，我们应该认为这两条定律是成立的。

规律：2、4 浪的复杂程度应该不同。或者说如果 2 浪一步调整到位，4 浪要么会经历比 2 浪更复杂的震荡；要么比 2 浪还简单，瞬间调整到位。

有些书上曾介绍过这一条规律，但作者并没有细致地验证过，实践效果如何还有待评估。

下面就让我们带着这三条铁律和两条定律重新回到黄金中来。诚然，长线护短原则不能遗忘，但短期图线也有着对长期图形"细化"的作用，在技术分析的时候同样重要。下面让我们来看一看黄金日线图的格局。

图 4-18 就是将图 4-17 中的五—5 浪进行局部放大，可以看到其中的细微结构。首先，是（1）—（2）—（3）—（4）的四个普通波浪，根据定律二，（1）、（3）两浪长度相近，那么（5）浪要么就是非常长，要么就是非常短。当第（3）浪结束后，出现了回落—反弹—回落的三浪结构。这个三浪看起来很像是（4）浪之后的 a—b—c 调整，如果真就如此，第 5 浪可能就会在③的位置结束——因为从②到③已经出现了明显的 5 浪结构，再加上④的大幅暴跌，很像是牛市终结的迹象，容易被定位为 A 浪的起点。但实际上，④之后反而又创新高，出现了⑤，这说明（3）—a—b—c 的数浪方式是不正确的（正确的是（3）—（4）—①—②，已在图上标明）。但问题出在了哪里？

根据定律一，c 浪终点应该低于 a 浪终点。但在正确的数浪方式中，（4）浪终点是 1462 点，②浪终点即③浪的起点是 1478 点——并未低于①浪起点，如果按照右下方副图画 X 处的错误数浪方式，将违反定律一。对于定律，除非有非常充分的理由，否则应该认为是成立的。因此，只能将这 3 个波浪定位

---

[1] 因为从时间上 3 浪非常长，从视觉上会给人一种比 5 浪点数多的错觉。但运用股票交易软件实际测量后，3 浪和 5 浪点数差别并不大。如果读者不太确信，可亲自测量一番。

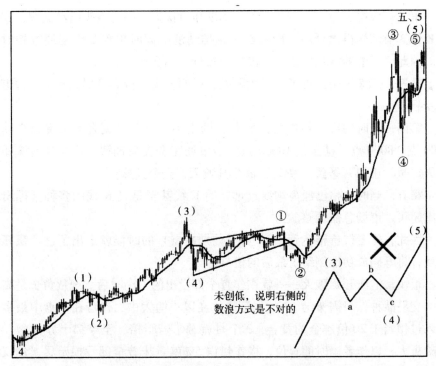

未创低，说明右侧的
数浪方式是不对的

图4-18 现货黄金2011年1~9月日K线图

为（4）—①—②的关系，其中①、②已经是第（5）浪中的波浪了。

对付掉这个半路杀来的程咬金后，让我们继续回到主图中来。在主图中，（2）浪中间有一个小反弹，而（4）浪则没有，4根阴线一步调整到位，与规律一相符。在①和②之后，③浪出现了非常长的延展，使得这一小浪的长度比（1）和（3）两个中浪加起来还要长，让黄金陷入了最后的疯狂。在③浪中，3次上冲都气势磅礴、连续刷阳，2次回调都绵软无力、稍纵即逝，只具备象征意义，而这正是主升段和延伸浪的特点。其实，③浪的上升趋势线就是图中的10日平均线，一旦下破就说明③浪告一段落，将进入到④浪。从④浪的暴跌中可以明显看出：空头已经开始发力了，一旦⑤浪走完，整个跌幅将非常大。

⑤浪最后的上冲到达了1920点，作者在1910点上方卖出了全部多单，精确地踏准了反转的节拍，卖出原因如下：

第一，从理论上，⑤浪只要相对于③浪稍创新高就可能结束。从④浪暴跌的速度、力度、点位上，空头已经觉醒，这个时候小心为妙。

第二，根据定律二，有 2 个浪的幅度相对接近。因为空头已经觉醒，⑤浪很难像③浪那样再次延展。而且在一轮推动浪中同时出现 2 个延展浪相对少见。因此，⑤浪的涨幅应该与①浪更为接近，不会过强。

第三，⑤浪途中出现了一根大阴线，说明多头不像③浪那么坚定，力道已经受损。

第四，当时的市场情绪已经癫狂，网上不乏大放厥词者，说黄金会冲上 5000 点、8000 点，甚至是 10000 点。当市场完全丧失理智，往往是泡沫即将破灭之时。正如《圣经》所言：欲令其毁灭，先令其疯狂。

第五，当时价格已经离均线过远，周 K 线甚至是月 K 线的多种指标出现严重超买，市场急需调整。

因此，作者待价格达到 1912 点（前期高点）的时候就退出了这个疯狂的游戏，将筹码成功地倒给了最后的傻瓜。

很快，泡沫开始破灭——就在作者全部卖出的 1 小时后。现货黄金是高杠杆的交易品种，只需缴纳 1% 的保证金。在以小博大中，作者在外盘中最多曾买入过相当于 20 倍本金的黄金，3 个月就翻了若干倍，至今都十分怀念（但风险极大，以作者当时的仓位，操作错误 5% 就意味着全部亏损殆尽，建议投资者不要尝试。当然，作者轻易不会做这么重的仓位，只因行情太过特殊）。

当市场疯狂的时候，泡沫就会不期而至。在泡沫中，我们可以赚取想都想不到的财富。作者的忠告就是：追逐泡沫，但要随时保持清醒，不要被泡沫吞噬。

好啦，旧的回忆就先到这里了。虽说泡沫炸出长达 3 年的熊市，但作者认为这个熊市不太久，下个牛市不太远。至于原因？依旧是波浪理论。要说明的是，浪级是用来分清彼此间的相对关系，而并非是一成不变的。例如，同一段走势可能在图 A 中是 3 浪，到了图 B 中就变成了（3）浪，这是没有关系的，只要能分清楚它与波浪的层级关系就可以了。

在图 4-19 中，我们可以看到更大一级、月 K 线上的波浪情况，图中已经做了适当的标注。如果真如作者所料，这三四年应该是第四巨浪的一个调整周期。当调整到位后，理应有一个第五巨浪，最悲观的情况下也会超越三浪的终点 1920 点。如果乐观一些，像图 4-17 中的那样出现延展，涨幅必定非常可观（当然，角度不会像图 4-19 那样夸张，只因版面所限才那么画的）。而且商品市场的延展浪也最容易出现在第五浪。在这之后，可能陷入长达 20 年的超级熊市中（黄金曾在 1980~2000 年出现过这么长的熊市，即超巨浪中超二浪，

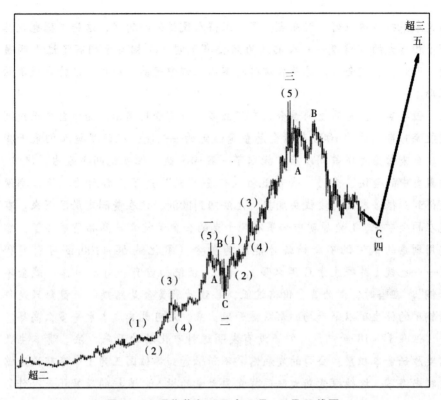

图 4-19 现货黄金 1999 年 8 月~? 月 K 线图

图 4-19 是超巨浪中的超三浪），那将会是极为可怕的。好在，目前还没担心的必要，因为超三浪还没有走完。

至于第四巨浪将在何时结束？目前尚未得知。但可以肯定的是，此波浪从时间还是空间上都已所剩无几。希望读者可以在不远的将来也可以通过波浪理论来分享到黄金的盛宴。

知识拓展：黄金的非货币化历史

从远古时期，黄金和白银就一直被人们当成货币传承下来。在工业革命后，西方资本主义开始盛行。为了顺应资本家对资金的需求，银行和民间借贷不断繁荣了起来。比如，你把一两黄金存入到了银行里，银行给你开出一个存金单据。之后，银行就用你存进去的黄金放贷给其他人，从中赚取息差。

当这家银行口碑很好、营业点很多、深得人民信任的时候，这张单据也就具有了相当大的可信度——人们认为只要有了它，就相当于拥有了这1两黄金。因此，它完全可以像黄金那样在不同人群中交易、使用。这就是纸币的雏形。

但事实上，世界上的黄金只有那么多。曾有资料显示，西方自中世纪到大航海时期以前的1000年黄金总量是恒定的——能开采的早被人们采干净了。自麦哲伦发现美洲以后，掀起了一股淘金热，但也就两年左右，河流、矿藏当中的金块、金沙、金粒就被人们全"顺"走了，后到的人什么都没有得到，很多人因为没钱买船票、无法回到欧洲，便在美洲定居了下来。在现在的金矿中，1吨原矿中如果有几十克的含金量就算是高品质矿石了，需要用剧毒的氰化钠不断精炼才能成为黄金（氰化钠50~100mg可引发猝死——也就1片维生素C那么多）。在21世纪初曾有一句话叫作"贱金不如铜"。在当时，因为黄金价格过低，导致开采黄金是赔钱的，黄金只是作为铜矿的伴生矿以副产物的形式被开采出来，足可见其成本水平多么高昂。

但在17~18世纪，人们还没有发明这种氰化物的开采方法。资本主义需要原始资本积累，公司的发展需要不断融资，各位国王为了争夺殖民地需要扩充海军，继续探索新大陆同样需要大量的投入。直接的后果就是：作为货币，当时的黄金不够用了，无法支撑整个经济体系继续发展。

在纸币的雏形之上，国家也渐渐开始印发这种"黄金存单"。例如，英国就以国库中的金银为基础来发行纸币，1英镑纸币可以兑换1英镑的白银。其他国家也这样做，但更多的是以黄金作为发行基础，货币中含有多少黄金，它的含金量就是多少。这就是"含金量"这个词的由来。它的好处是：没人会审计国库里到底有多少的真金白银，多发一些出来也无所谓——反正纸币已经得到了大家的认可、进入流通领域。如果政府、央行多发行几倍的纸币、国库券，不仅可以补偿流通货币的不足，也可以获取暴利。逐渐地，国际货币体系形成了金本位制，那就是所有的货币都跟黄金挂钩，货币的价值就是它名义上的含金量。但实际上，因为纸币的超发，它所代表的含金量也被不断地稀释，购买力也在不断下降，这跟现在的货币超发一个道理。

纸终究包不住火。在第二次世界大战中，包括英国在内的诸多欧洲列强经济濒临崩溃（德国经济完全崩溃），而这些年中美国大发战争财，使全世界的黄金不断流入，逐渐成为了新的霸主。此时，昔日的大英帝国再也没有力量去维持旧有的货币格局，金本位面临崩溃。第二次世界大战结束后，世界各国的经济学家在美国新罕布什尔州的布雷顿森林中召开了一个会议，赋予了美元至高无上的权威：其他货币的价值跟美元挂钩、采取固定汇率制，而美元的价值跟黄金挂钩，当时是 35 美元＝1 盎司黄金（金本盎司中，1 盎司＝31.1035 克），美国有义务承担黄金和美元之间的兑换。这就是日后的布雷顿森林体系。

下面引用百度百科的一段文字：1960 年，美国经济学家罗伯特·特里芬在其《黄金与美元危机——自由兑换的未来》一书中提出"由于美元与黄金挂钩，而其他国家的货币与美元挂钩，美元虽然取得了国际核心货币的地位，但是各国为了发展国际贸易，必须用美元作为结算与储备货币，这样就会导致流出美国的货币在海外不断沉淀，对美国来说就会发生长期贸易逆差；而美元作为国际货币核心的前提是必须保持美元币值稳定与坚挺，这又要求美国必须是一个长期贸易顺差国。这两个要求互相矛盾，因此是一个悖论"。这一内在矛盾称为"特里芬难题"（Triffin Dilemma）。特里芬据此预言布雷顿森林体系会由于这一内在矛盾而必然走向崩溃。[1]

随后，这一预言得到了证实。在 1973 年 3 月，西欧出现抛售美元、抢购黄金和德国马克的风潮。3 月 16 日，欧洲共同市场 9 国在巴黎举行会议并达成协议，联邦德国、法国等国家对美元实行"联合浮动"，彼此之间实行固定汇率。英国、意大利、爱尔兰实行单独浮动，暂不参加共同浮动。其他主要西方货币也对美元实行了浮动汇率。[2] 其他国家不带美国玩了，布雷顿森林体系也就随之垮台。

再往后，就是现在的牙买加体系了，说白了就是自由浮动汇率制，国家可以在法律允许的范畴内自由印发货币，黄金则退出了流通领域，成为了一种商品。但在数千年的文化积淀中，它依然是一种财富的象征，具备着财富储备的职能。从基本面上，黄金与美元指数呈负相关，与全球的通胀水平呈正相关。

---

[1] 百度百科 http：//baike.baidu.com/link? url＝QqMP3Z6Sx8c6tMfS9P9AxxQBJvYyNNLURZuiZv8x-xFtzwnBwzyuc1VXhMvu5mfojdJ-r97FVvI7DEeDg-7W8a。

[2] 百度知道 http：//zhidao.baidu.com/question/361413655.html? loc_ ans＝910360697。

第五节 非标准浪实战应用案例——厦门港务

（一）图形介绍：非标准浪——A—B—C 的变形

因为从更大一级别上看，A—B—C 浪通常位于 2、4、B 这样的回调浪中。而回调浪是最容易出现非标准浪的地方。因此，区别于图 4-20 的普通锯齿浪形外，A—B—C 浪还存在着大量的变形。除了本章第二节图形介绍的三角浪外，A—B—C 还有另外两种变形模式。

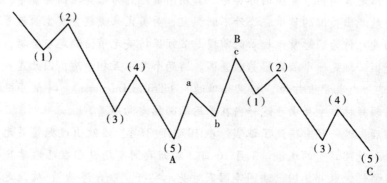

图 4-20 （5）—（3）—（5）锯齿浪

1.（3）—（3）—（5）平台浪

波浪理论易懂难精，原因在于非标准浪、浪形演化太多，尤其在 2、4、B 这 3 个回调浪中，非标准浪更是多见。这次要说的就是（3）—（3）—（5）的平台结构。图 4-21 就是（3）—（3）—（5）平台浪的图示，读者可以跟图 4-20 的普通锯齿浪加以对比。或许是前期上升行情太过热烈，或许是空方还没有完全发力，总之 A 浪并没有出现应有的 5 浪结构，而只包含了 a、b、c 这 3 个子浪。之后，B 浪又是 a、b、c 这 3 个子浪向上反弹，最后是包含 5 个子浪的 C 浪下挫。平台浪相对于（5）—（3）—（5）的锯齿浪回调幅度较为温和，跌幅较小。B 浪可能会继 5 浪之后再创新高，在少数情况中 C 浪甚至可能在高于 A 浪低点的位置结束。当然，这种情况毕竟很少见，要下 C 浪高于 A 浪这种结论需要足够多的证据支撑才行。

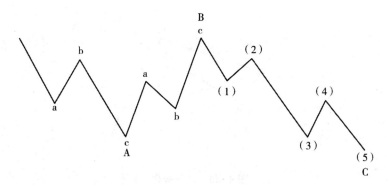

图4-21 （3）—（3）—（5）平台浪

2. 楔形浪

在本章第三节图形介绍中曾经介绍过楔形浪，但偏重的是在5浪和C浪这样的推动浪中。在调整浪，楔形浪同样包括（3）—（3）—（3）—（3）—（3）这样的5个子浪，可以认为是将A—B—C这样的调整浪延伸成了5个波浪。图4-22和图4-23给出了楔形浪在调整浪中的形状。

在调整浪的位置时，楔形浪与形态学中的楔形就有更高的切合度了。但作者依旧认为楔形浪出现在5浪和C浪的概率更大些。

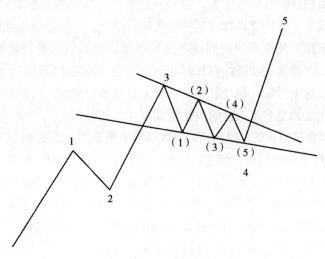

图4-22 下降楔形

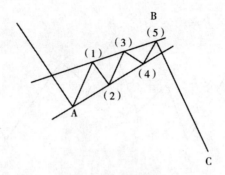

图4-23　上升楔形

3. 三角浪

关于三角浪，本章第二节图形介绍中已经介绍过了，这里再强调一下：三角浪分为上升三角浪、收敛三角浪和下降三角浪三种。在运用的时候可以跟形态学互相印证。

4. 多重三浪

多重三浪是一种更加复杂的波浪结构，在外汇市场中频繁出现。原因在于：从长期上看，股市会因经济增长一直上扬下去；商品会因通货膨胀的作用一直上扬下去；而外汇市场中一种货币升值必然对应着其他货币的贬值，货币的升值和贬值很难一直持续下去，达到一定程度以后必然会影响到该国经济。在大多数情况下，各国货币都在某一个区间内浮动，一旦过分走强或走弱就会受到政府的干预，使汇率回归到这个区间中来。除非国内外环境出现巨大变故，否则这一浮动区间或持续很长时间——当然，各国政府是不会公布这一具体范围的。在这个时候，包含着推动浪、主升浪的五浪结构出现的频率会降低很多，取而代之的是多重三浪的演化模式。

所谓的多重三浪，就是以一系列三浪结构不断叠加，如图4-24中，首先是一个A—B—C正常的回调，但之后确实一个包含3个子浪的X浪，在X浪之后，又是一个A—B—C的回调结构，之后又是一个包含3个子浪的X浪，随后还是一个A—B—C的三浪回调。当然，X浪和A、B、C浪都可能演化成各种各样的模式，如图4-24中第二次A—B—C浪就变形成为三角整理的图形。

正因为对外汇市场的干预，导致了技术上这种三浪结构不断叠加、不断演化，使汇率长时间在某一个区间之内震荡。例如，图4-25中欧元兑美元的汇率就是如此。

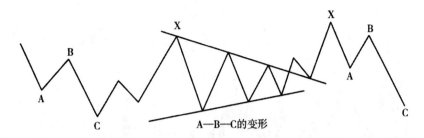

图 4-24 多重三浪结构图示

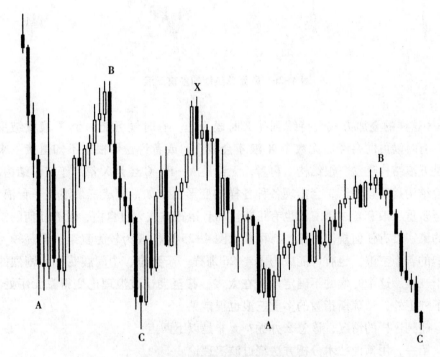

图 4-25 欧元兑美元的多重三浪

在交叉盘中①，多重三浪会更多见，如图 4-26 所示。

多重三浪是一个让作者抓狂的波浪图形。原因是作者惯用波浪理论定位，但多重三浪太过复杂，投资者很难推断 A—B—C—X—A—B—C—X—A—B—

① 在外汇中，直盘指的是某种货币跟美元之间的汇率关系，如欧元兑美元；交叉盘指的是两种非美元货币之间的汇率，如欧元兑英镑、港元兑人民币等。

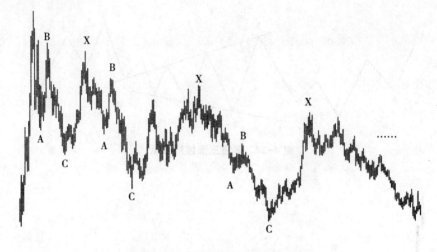

图 4-26 欧元兑英镑的多重三浪

C……这样的叠加方式会持续到什么时候为止。有时候可能一个 X 浪就结束了，有时候可能会经历无数个 X 浪才会截止，或者说，你根本不知道接下来的是五浪结构还是三浪结构。再者，无论是 A—B—C 还是 X 都属于三浪结构。三浪结构是调整浪形，会出现各种各样的变形，比如，变成三角浪、平台浪，甚至多重三浪套着多重三浪也有可能。而且运行方式太过自由，没有任何的铁律约束、没有任何规律可循，有可能像图 4-25 那样成为较为复杂、震荡较为剧烈的若干三浪，也有可能成为图 4-26 那样一步到位、中间震荡不太剧烈的若干三浪。这个时候的不确定性实在太多，甚至会让波浪理论变得毫无用处。除了外汇外，道琼斯指数的多重三浪也很常见。

碰到这样的情况，该怎么办呢？无非是以下两点：

第一，用其他技术分析方法绕过波浪理论。

第二，既然不擅长，就不去做外汇了，选择容易把握的品种照样能够赚钱。

作者选择了第二条。

最后要说的是：除了上述几种浪形外，还有一些更加复杂、怪异的波浪形态。但作者认为不必深究。原因是这种浪太少见，就算碰到了也不会往那个方向去想。而且似是而非，投资者很难断定未来真的会按某种图示走下去。如果在操作中真的碰到了，不妨通过形态学、移动平均线等其他技术分析方法来绕过它，或者寻找其他投资品种另寻高就。黑猫白猫抓到耗子就是好猫，这法那法能赚到钱就是好法，不必像科学家那样去钻牛角尖。

当然，除了上述介绍的4种非标准浪外，还有一种标准浪，那就是图4-20中正常的（5）—（3）—（5）锯齿浪，投资者千万不要把非标准的记住了却把标准浪形给遗忘了。

（二）实战案例分析——厦门港务

让我们再看一只个股的例子，请问厦门港务是否会像图4-27那样继续去演绎？为什么？

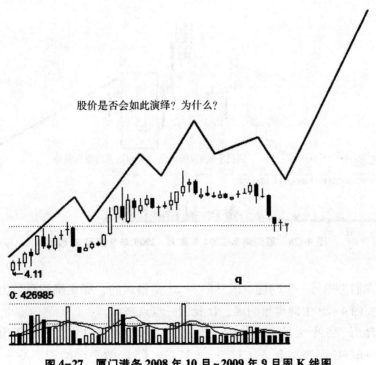

图4-27　厦门港务2008年10月~2009年9月周K线图

抛开当时的大盘和基本面，这种数浪方式犯了两个严重的错误：

一是如此数浪，1浪最高点将为7.89元，4浪最低点将为7.73元，1、4浪出现了重叠，而且不是楔形形态，违反了铁律一。

二是这一段在更大一级的波浪中处于什么位置？没有运用长线护短原则。

所以，需要先去看看月K线图是什么样的。

在图 4-28 中，我们可以看到厦门港务很清晰的一个八浪循环：从 2004 年 9 月到 2008 年 3 月经历了一个长期的上升趋势，其中 3 浪和 5 浪的长度基本相等，1 浪很短，与定律二相符。从 2008 年 3 月开始，在波浪和大盘的双重影响下进入到了一个长期的下降趋势中。图 4-27 所截取的内容正是图 4-28 中方框框起来的那一部分。显然，这只是一个 B 浪反弹而已，等反弹结束后还有一个更加漫长、更加难熬的 C 浪阶段。单纯从这一点上看，图 4-27 的推理就是错误的。图 4-28 已经很明确地告诉我们：应该离这只股票远点。

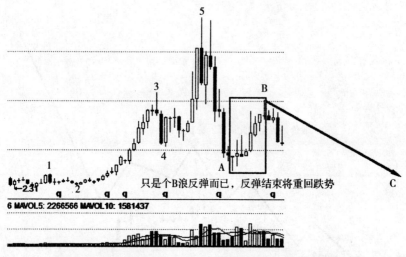

图 4-28　厦门港务 2004 年 8 月~2009 年 9 月月 K 线图

让我们再想另一个问题：既然图 4-27 是错误的，那正确的数浪方式又是什么呢？图 4-29 中画得很明确，让我们一点点来看。

在经历了 5 个大的上升浪后，进入到 A 浪。A 浪只包含 3 个子浪，说明这次 A—B—C 回调将会是（3）—（3）—（5）的平台结构。A—（3）浪是 A 浪中的主跌浪，出现了延展。之后，就是我们所说的 B 浪反弹了。B 浪是针对 A 浪的一次调整，理应包括 3 个子浪。因此，无论从铁律还是从长线护短上，图 4-27 都是不正确的，上涨阶段应该只包括 a—b—c 这 3 个小浪，而不是五浪结构，具体如图 4-29 所示。很快，B 浪反弹到位，C 浪拉开序幕。

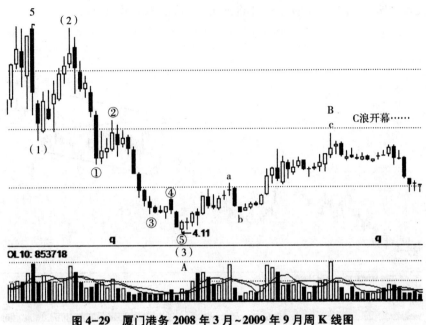

图 4-29　厦门港务 2008 年 3 月~2009 年 9 月周 K 线图

可能投资者还有疑问：B-c 这一小浪理应包括 5 个更小的子浪啊，为什么图 4-29 中看起来只是个三浪？

没错，但看起来是不代表真的就是。小图是对大图的细化，像这样的细微浪应该从日 K 线上观测——周 K 线画得太泛了。

图 4-30 中，可以很清晰地看到微浪结构，c 小浪确实包含了 5 个微浪，其中①浪长度很短，只有约 0.6 元；③浪和⑤浪长度接近，分别为 4.26 元和 2.89 元；符合定律二。④浪是一个三角形，从波浪的角度应该包含 5 个更低一级的细微浪。最终，在波浪的推动下成功突破，达到三角形的目标价位。对于三角形态的目标价位普遍有两种观点：一是突破后运行一个形态高度，即三角形刚刚形成时的宽度；二是突破后从起点另做一条平行线，就像图 4-30，用它衡量出的目标价位往往低于观点一。作者个人更赞同观点二，从经验上看这种测量更加精确一些。从波浪上看，三角整理大多为第 4 浪，之后的⑤浪虽然会再创新高，但多头的力量在③浪时消耗得差不多了，之后的余力不会太大、太强（在股市当中基本如此，在商品市场中不一定），投资者最好要稳妥起见。从风险控制的角度看，如果被套在第③浪，没关系，只要波浪定位正确，日后还会有新高点的。但如果被套在第⑤浪，要么是止损出局，要么是忍

受长期套牢（因为漫长的 C 浪即将到来），这都不是什么好结果。

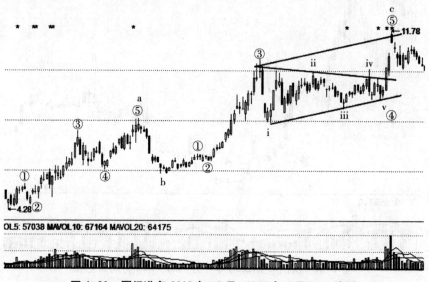

图 4-30　厦门港务 2008 年 10 月~2009 年 5 月日 K 线图

　　如果还想看得更细致一些，如观测更低一级别的细微浪，可以切换至小时图。但作者认为：级别越大的图形波浪理论的可信度越强，级别太小的话随机波动较强，人为操纵、随机事件，甚至只是几笔大单就能够把波浪搅得歪七扭八，实用性不强。因此，作者最细也只观测到小时图的波浪结构，再细的话建议用其他技术去分析。

　　无论怎样，B 浪是结束了，让我们再去看看图 4-31 中的 C 浪。显然，C 浪是一个楔形浪，楔形浪中包括 5 个子浪，每个子浪有 3 个细浪，总体上是③—③—③—③—③的结构。当这跌幅超过 60%、持续时间超过 4 年的漫长波浪结束以后，牛市再度降临，进入到了一个崭新的一浪中来，股价很快就从 4.33 元上涨至 20.78 元，翻了 5 倍。因 C—（5）未触及通道下轨，可能让部分投资者踏空。但市场是仁慈的，在一大浪 2 中浪的时候再次给出了进场的机会。哪怕是在图 4-32 偏右侧的突破处进场，也有大把的钞票可赚。当我们结合其他技术分析时，就会发现这个买点并不难把握。

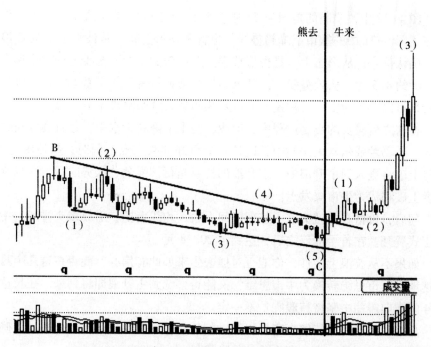

图 4-31　厦门港务 2008 年 10 月~2014 年 12 月月 K 线图

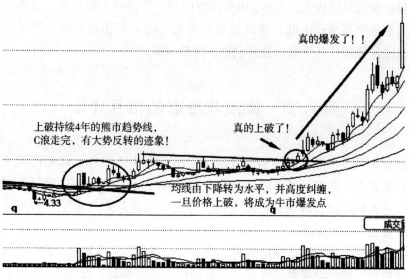

图 4-32　厦门港务 2013 年 3 月~2014 年 12 月周 K 线图

图 4-32 中，绘制的是图 4-31 中 C 浪结束之后的周 K 线图。首先，价格上破了图 4-31 中的熊市下降趋势线，也就是楔形上轨。从波浪上，是 C 浪结束的确认信号；从形态上，是楔形整理向上突破的位置，至少上涨一个形态高度，大约 4.5 元；从趋势线上，熊市趋势线结束，表明熊市基本完结，接下来的行情将以上升为主。三种技术方法互相印证，这个突破十分可靠。

在这之后漫长的震荡过程中，均线已经由下降转为水平，并且高度纠缠到一起。从葛兰威尔八大法则中，这是一个很好的买入点。同时，从波浪上看，一旦上破将进入到主升浪中。主升浪的特点是行情强劲、涨势凶猛，一旦价格再度上破将成为牛市爆发点。

随后，价格真的就突破了整理区间上轨，均线上扬、形成多头排列，主升浪正式展开。在若干涨停之后，达到了 20.78 元。

如果不从波浪上定性，你能否对熊去牛来如此有信心？能否在这几个月中迅速地由熊市思维转换为牛市思维？又能否察觉到主升浪即将到来，在长达大半年的横向震荡中坚持持股呢？不一定。

总之，波浪理论能够框定价格波动的轮廓，表明牛熊运行的位置，明确将来波动的方向，是一个判断大势的优良工具。

最后要说的是，虽然这只股票未来有新高（5 浪还没开始），但因前期暴涨，目前参与风险较大，4 浪是否会深度回调，是否会大幅震荡，是否会比较漫长这谁都说不准。因此，建议投资者去选一些未经历过暴涨、技术形态良好、波浪位置较佳的个股来提高利润、降低风险。

第六节　波浪与形态的相互印证

作者在做技术分析的时候，发现了很多形态和波浪相互印证的地方。头肩、双底之类的图形，还可以从波浪上来理解，上边的图 4-32 就是个很好的例子。还有的时候，因为波浪不支持，导致图形看起来"像"一种形态，实际会演变成另一种形态。

先来个简单的，还是厦门港务。很多双底都作为熊市转牛市的一个反转图形。既然是反转，前提就是经历过一系列的下跌。例如，在图 4-33 中的波浪已经标好，A 浪从 20.1 元一直"爽"到了 4.11 元，跌出了日后上涨的空间。随后是 B 浪反弹，但反弹终究只是个反弹，还有一个漫长的 C 浪没有开始。

从长度上，A 浪跌了约 16 元，如果 C 浪再下跌 16 元价格会变成负值——这是违背常识的。因此，作为主跌浪，无法在点位上压过 A 浪就只能从时间上压过 A 浪以显示其"主"的特征。由此，才陷入到了漫长的阴跌当中。

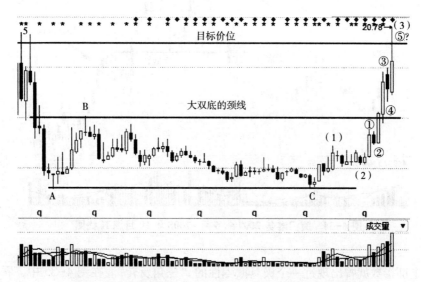

图 4-33　厦门港务 2008 年 3 月~2014 年 12 月月 K 线图

当然，再长的熊市、再大的 C 浪也会有走完的那一天。因大盘的影响，C 浪在前期低点附近结束，形成了双底的第二个底，之后便是新的一轮（5）浪，在主升浪途中突破双底颈线，随后开始一轮凌厉的涨势并迅速到达了目标价位。正是因为它在（3）-③浪，主升浪的主升浪中破的颈，涨势才会如此凌厉，不然的话可能还会"磨叽"一阵子。

这只股票总爱跟双底双顶"谈朋友"，在图 4-34 中，还能看到更多类似的组合。例如，左侧的那个双底，实际上是 4 浪—（1）浪—（2）浪—（3）浪的一个过程，在 5—（3）中破颈，并在 5—（3）中的某个子浪回测，之后上涨到目标价位。图右侧的双顶，实际就是 5—A—B—C 的一个过程，因为浪级更大，所以点位更多、时间更长，在第一次快速下探的 A 浪处形成颈线，随后的 B 浪大幅反弹到前期高点附近形成第二个顶。如果熟练运用波浪理论，就会在这里逢高卖出，而不去等到真正破位之后再离场，那样会损失很大的利润。再往后，股价不可避免地进入到了 C 浪重挫期，其中是（1）浪破颈，（2）浪反弹回抽，（3）浪再次快速回落并在（5）浪到达目标价位。

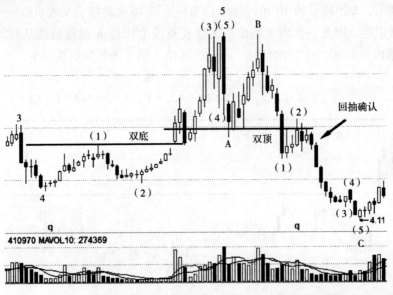

图 4-34　厦门港务 2007 年 6 月~2008 年 10 月周 K 线图

　　上证指数就曾出现过一个极具欺骗性的"三角反转"。在图 4-35 中，看似牛市冲天，看似经过三角整理以后牛市仍将继续，但只是在片面地认知市场。

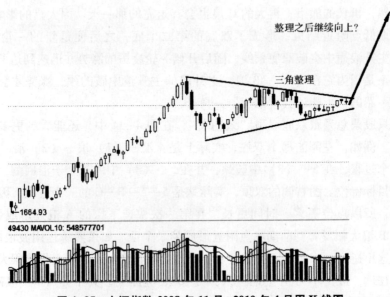

图 4-35　上证指数 2008 年 11 月~2010 年 4 月周 K 线图

在月K线图中，我们可以清晰地看到，自2008年大熊市以来从没经历过明显的反弹。很显然，那一阶段只是A浪，所以2009年的大幅反弹只能定位为B浪，不能说是新的一轮牛市开始。

既然只是B浪，反弹结束后会重回熊市；A浪威势又如此强劲，接下来的C浪也不会弱到哪去。因此，投资者一定要在这里多几个心眼。再加上当时的均线凌乱，只是在对前期过高的乖离率进行修正、并未形成葛兰威尔第一买入点，同样说明反弹过后熊市依旧。

可能有的投资者会问了：那有没有可能2009年只是B浪的a子浪，之后的三角整理是B浪的b子浪，之后还会出现继续向上的c子浪呢？在当时，这种可能确实有，但十分渺茫。原因在于图4-36中的30月均线已经形成了精确反压，再加上图末5、10、30月均线回合且方向向下，已经形成了葛兰威尔第二卖出点。B浪在A、C这两个强势"老妖婆"之间日子过得战战兢兢，一旦反转向下恐怕就要断气了。

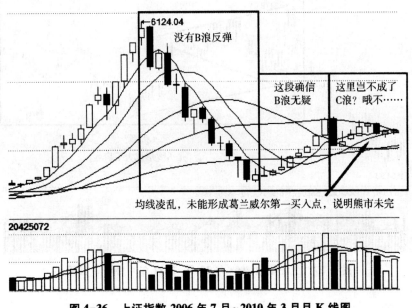

图4-36　上证指数2006年7月~2010年3月月K线图

所以，图4-35向下突破的概率较大。

很快，大盘在3个月内跌了将近30%并达到目标价位，在之后的演变中再次引人遐想：难道一个大头肩底即将做成？大盘真的要反转向上了吗？

可惜，这里是 C 浪。A 浪从 6124 点跌到 1664 点跌幅约 4500 点，如果 C 浪再跌 4500 点指数将变成负值，这显然不可能。所以，C 浪只能从时间上展示其"主跌"的特征，因此会变得十分漫长——怎可能在不到一年的时间中就结束呢？况且，C 浪落点比 A 浪的高很多，这本身就是值得怀疑的。

因此，这只是另一次反弹而已，作者也是在做了几轮反弹后从这里彻底离开股市、两年未碰。因为风险大于收益的事不值得去做。这阶段正确的数浪方法和后市行情可参看图 4-11 和图 4-12 的月 K 线图，投资者如有兴趣可在这两张图上再标出更细一级别的 (3) — (3) — (3) — (3) — (3) 结构来。最后，C 浪演变成了漫长的楔形浪并持续了 4 年，也是唯一一种允许 1、4 浪出现重叠的图形。

或许，在经历了图 4-37 那样的头肩底之后再碰到类似的图形就会"十年怕井绳"了。图 4-38 中的黄金又是这样的走势，这一次我们能否相信头肩呢？

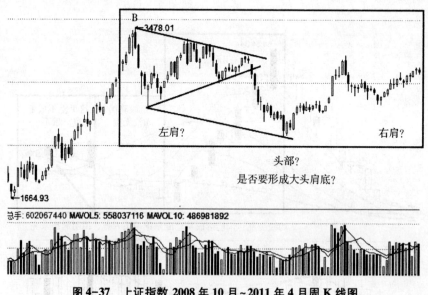

图 4-37　上证指数 2008 年 10 月~2011 年 4 月周 K 线图

同样地，波浪和均线会给出答案，让我们先切换到月 K 线。

在图 4-39 中，月 K 线级别的波浪已经给出。可能有的投资者又会有疑问：第二浪为什么那么短？看起来跟一浪不成比例。有这样的疑问是正常的，但实际上，上冲和调整不成比例的波浪并不少见，如图 4-40 中的 4 浪、图 4-11

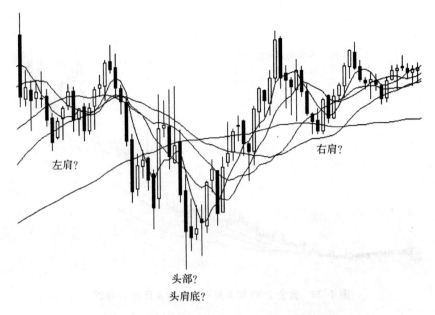

左肩？

右肩？

头部？

头肩底？

图4-38 黄金2008年3月~2009年8月周K线图

中的（4）浪，图4-15中的（2）浪、（4）浪、4浪，图4-18中的（4）浪，图4-28中的4浪，图4-30中的b浪都出现了调整时间短促的事。另外，虽然从波浪上一浪和二浪是平级的，但从均线的角度上看，这一次大调整只是破坏了周K线图的多头排列，对月K线丝毫没有影响，均线组依旧是多头排列、大角度上扬，二浪甚至成为了葛兰威尔第三买入点。所以，在判定波浪的时候可以适当激进地认为二浪即将结束，作者也正是在2009年8月底买入了一些投资金条，展开了金市之旅。当然，谨慎些的投资者可以等待真正突破之后再介入。但随之而来的问题是：如果这是一次假突破怎么办？假突破意味着真拉回，行情将迎来再一次的下跌。只要有这种顾虑就可能在投资当中犹犹豫豫、小利即出，尤其在随后的回测当中更有可能过早离场，错失这一轮黄金大牛市。但结合了波浪和均线的分析之后，作者心安理得地把这金条握到了1910点的翻倍位置，在泡沫破灭前夕跟现货黄金一并卖出。

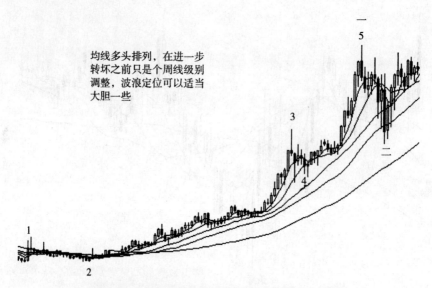

均线多头排列，在进一步
转坏之前只是个周线级别
调整，波浪定位可以适当
大胆一些

图4-39 黄金1999年8月~2009年8月月K线图

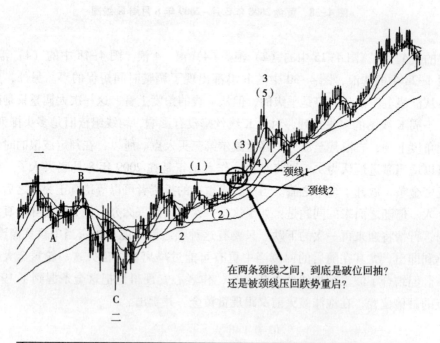

颈线1
颈线2

在两条颈线之间，到底是破位回抽？
还是被颈线压回跌势重启？

| 3 Feb 2008 | 25 May 2008 | 14 Sep 2008 | 4 Jan 2009 | 26 Apr 2009 | 16 Aug 2009 | 6 Dec 2009 | 28 Mar 2010 | 18 Jul 2010 | 7 Nov 2010 |

图4-40 黄金2008年3月~2011年2月周K线图

如果不去分析月 K 线、不去定位波浪，到了图 4-40 圆圈处依旧会是一头雾水：这个复合型头肩底能够画出两条颈线，到底哪一个才是正确的？如果颈线 1 是正确的，那么目前的行情刚好被颈线压回，有跌势重启的风险，不应该进场；但如果是颈线 2，则意味着这是破颈之后的回抽动作，回抽之后价格会进一步上冲，是一个很好的进场点———一个图形两种观点，当真让人无所适从。这个时候，有人就宣扬技术无用论了。

但作者依旧认为，技术分析不是无用，而是被误用了。诚然，头肩底在此模棱两可，但周平均线已经呈现出多头排列，说明行情将会进一步上扬。因此，单靠这一点就已经能够认为颈线 2 是正确的。再加上月线分析和波浪定位，几乎可以肯定这是一个很好的买入点，完全不必纠结。

任何技术分析都存在盲区，但把它们综合在一起，盲区也就逐渐消失了，这也是作者一直宣扬技术组合的原因。

当然，波浪理论也存在着似是而非的情况，让我们再看一个例子：

图 4-41 和图 4-42 是同一张图的两种标法。首先，都是"C、1、2、3"地构造双底并破颈向上，但 3、4、5 这 3 浪的位置却出现了分歧。到底哪个对？如果是图 4-41，那么行情理应在 A 浪的压力下破位向下，不应进场；如果是图 4-42，4 浪调整到位，将开启一场创新高升势，这是一个很好的进场点。看似形态学和波浪理论同时哑火。那引入长线护短会如何呢？

图 4-43 中可以看到，承德露露这几年一直在一个上升通道中运行。每次上冲都依托着 5 月均线展开。也就是说，要想再度上涨，首先要站稳 5 月均线才可以。前期曾接近通道上轨一次但被压回。不过问题是接下来会再次冲击上轨形成 5 浪，还是直接 A—B—C 调整下探到通道下轨呢？图中竟毫无提示，连波浪都没法去数———很不幸，这张图中用不上波浪理论。

似乎进入死胡同了。但事实上，这一通分析搞错了两件事：

（1）任何形态在破颈之前都是不成立的。头肩顶雏形画得再完美、再逼真也只是一个雏形而已，在突破之前它都具有支撑的作用，可以小心做多、破位止损；或者可以先观望一阵子再做决定，没有必要时刻处于操作中；或者换一只易于分析的股票来操作。

（2）长线决定着短线，但短线也是对长线的细化。长线方向看不清楚时，可以用短线图形来讨论。

让我们对比一下日 K 线图。相比而言，图 4-44 的（3）、（4）、（5）浪过于局促，从比例上没有图 4-45 那样流畅、自然，而且图 4-44 中的（3）浪如

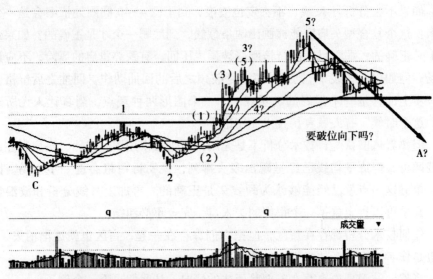

图 4-41　承德露露 2011 年 10 月～2014 年 1 月周 K 线图

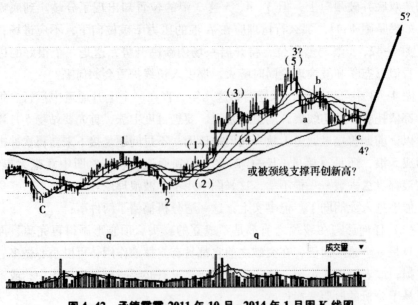

图 4-42　承德露露 2011 年 10 月～2014 年 1 月周 K 线图

要划分细微浪就会更加牵强，可信度实在比不上图 4-45。因此，从日 K 线的逆推上应该更倾向于图 4-41 的数浪方式，即依托颈线买入。

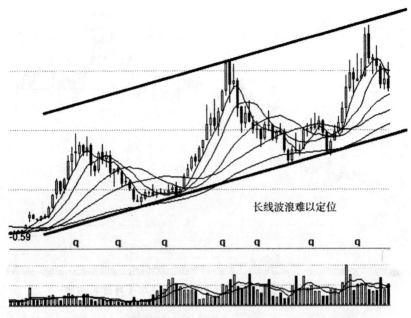

长线波浪难以定位

图4-43 承德露露 2005年10月~2014年3月月K线图

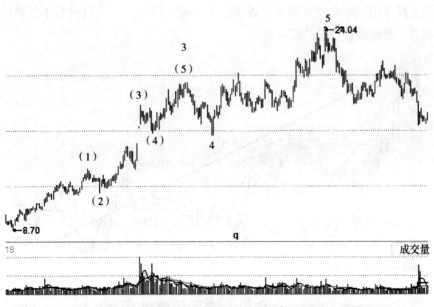

图4-44 承德露露 2012年11月~2013年1月日K线图

图 4-45　承德露露 2012 年 11 月~2013 年 1 月日 K 线图

如果想更稳妥些，可以先观望一阵子。从随后的图形中可以发现：这条颈线屡攻不破，而且在震荡当中就把下降趋势给化解了。由此可见，颈线具有很强的支撑作用，除非空头爆发，否则很难下破。因此，一旦行情有了反转向上的趋势，那就是最稳妥的买入点。

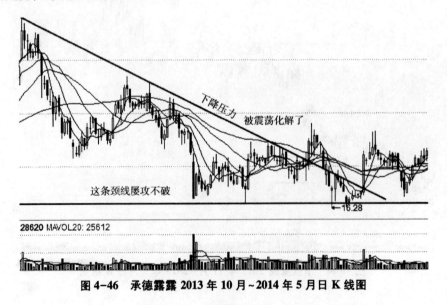

图 4-46　承德露露 2013 年 10 月~2014 年 5 月日 K 线图

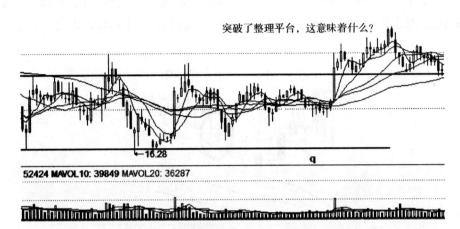

突破了整理平台，这意味着什么？

←16.28

q

52424 MAVOL10: 39849 MAVOL20: 36287

图 4-47　承德露露 2014 年 2~7 月日 K 线图

随后，在颈线的支撑下，多头开始反攻，并以一根大阳线成功突破，形成了头肩底的图形。在这之后的回抽确认多次受到头肩底颈线的支撑，说明突破有效，这就是一个较为稳妥的买入点。

这个突破，在周 K 线和月 K 线上的含义更加丰富。周 K 线图上：头肩底形成，均线组转折向上，同样发出走牛信号。月 K 线图上：行情以三连阳重新站上 5 日平均线，说明新的一轮上升行情开启（原因已在图 4-43 中说明），随后股价就创出了新高。当然，这个新高创出来以后就应该在冲高中获利离场了——这毕竟是第 5 浪，反转风险较大。如果在月 K 线收线的时候跌破 5 日平均线，说明这轮行情基本结束。但月 K 线毕竟迟缓，可能会损失部分利润。再

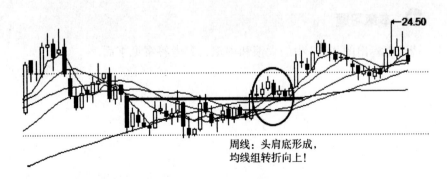

←24.50

周线：头肩底形成，
均线组转折向上！

图 4-48　承德露露 2013 年 9 月~2014 年 12 月周 K 线图

加上 24.5 元处距离图 4-43 中的月 K 线通道上轨太近，上涨空间很有限（也就不到 5%，没必要为蝇头小利冒太大风险）。因此，三十六计，走为上。

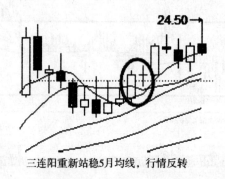

24.50→

三连阳重新站稳5月均线，行情反转

图 4-49　承德露露 2013 年 9 月~2014 年 12 月月 K 线图

这一个例子虽然费脑细胞，但给出了一种从不同周期的图形、不同方法的技术分析中去相互印证、相互推断的范例。就算云遮雾罩看不清方向，观望一段时间市场也会逐渐明朗起来的。投资者如能够融会贯通，必会少走很多弯路，这当真是极好的。

这一个案例还算幸运，至少还有一条路通往正确的分析结论。是否会出现日 K 线、周 K 线、月 K 线中各种技术分析都似是而非、模棱两可的情况呢？有，肯定有。但碰到的概率很小，如真碰到大可先观望一段时间，或者去操作其他个股。股市如"后宫"，"佳丽"多得是，总有一款适合你。

➡ 本章习题

请试着标出图 4-50 中的大浪和中浪，参考答案见书后。

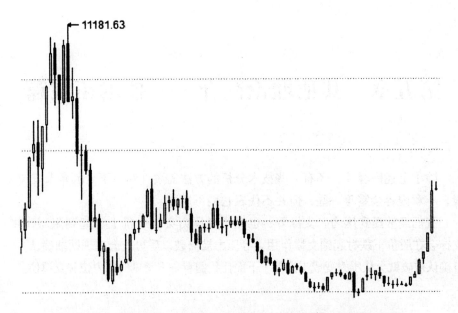

图 4-50　公用指数（1B0005）2007 年 2 月~2015 年 1 月月 K 线图

第五章　其他理论简介——技术拓展篇

除了上述内容外，还有一些技术分析的方法需要介绍一下。因章节安排所限，本章内容会零碎一些，但并不代表它们不重要。

我们经常提到压力、支撑等，也经常说压力会对股价上涨起到阻碍作用、支撑会在股价下跌时起到支撑作用。等压力被突破以后可能会出现回抽确认，一旦确认被破就会从压力变成支撑等。下面让我们看一下常见的压力位和支撑位。

第一节　常见的压力位和支撑位

1. 速阻线（扇形线）

速阻线的绘制方法是：上涨行情中，以本阶段最低点作为起点，以上涨的最高点作为终点连线，得到速阻线 L_1；之后，将这一轮涨幅垂直三等分，连接最低点和涨幅2/3的位置，得到 L_2；再连接最低点和涨幅1/3的位置，得到 L_3。下跌行情的速阻线绘制方法与此类似（见图5-1和图5-2）。如果出现新

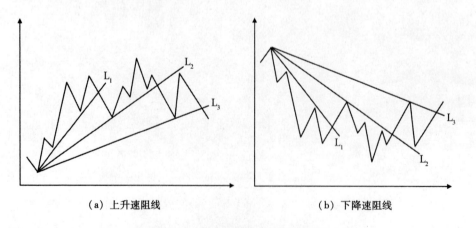

　　（a）上升速阻线　　　　　　　　　　（b）下降速阻线

图5-1　上升速阻线和下降速阻线

高或新低，速阻线也会随之变动，根据新出现的高点或低点重新绘制。在速阻理论中，L_1、L_2、L_3 都有支撑或压力的作用。当价格在 L_2 之上（之下）时，行情处于快速的上涨（下跌）途中。如果跌破（突破）了 L_2 的支撑（压力），说明行情的主升（跌）段已经结束。当价格升破（跌破）L_3 时，说明行情将要反转。

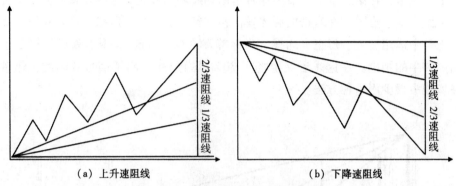

（a）上升速阻线　　　　　　　　　　（b）下降速阻线

图5-2　上升速阻线和下降速阻线

　　例如，在图5-3中，L_2 始终充当着金价走牛的上升趋势线，当跌破的时候就标志着快速上升期的结束。最后，金价大幅下跌并击穿 L_3，说明大势反转、行情正式转空。

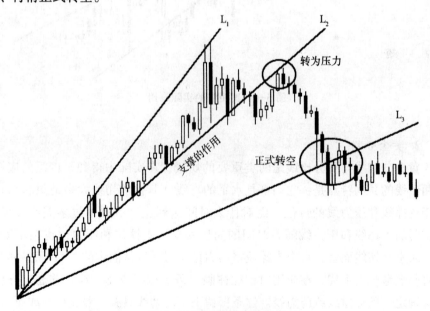

图5-3　速阻线的实际应用

又如，图5-4的沪深300指数月K线图中，L_2也始终在充当指数走熊的下降趋势线，当突破的时候就标志着快速下跌期的结束。最后，指数大幅上冲并击穿L_3，说明大势反转、行情正式转多。

作者认为：速阻线可以适当地参考，但信号发出得太慢，黄花菜都凉了。例如，黄金，在第二章第五节中作者运用均线和切线理论很早就预测到了金价的大跌，但扇形图却在暴跌之后才发出转空信号。又如，股指，作者在第六章第七节中运用波浪、形态、均线、指标等理论早在升破L_2附近就已经得出了由熊转牛的结论。在这之后又上扬了30%，扇形才发出了信号。因此，作者在实战中很少用这种方法。

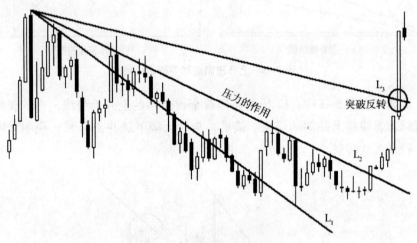

图5-4　速阻线的实际应用

2. 黄金分割

黄金分割线与百分比线是两类重要的切线，在实际中得到了广泛的应用。这两条线的共同特点是：它们都是水平的直线（其他的切线大多是斜的），注重于支撑线和压力线的价位，而对什么时间达到这个价位不过多关心。很显然，斜的支撑线和压力线随着时间的向后移动，支撑位和压力位也在不断变化。对水平切线而言，每个支撑位或压力位相对而言是固定的。为了弥补它们在时间上考虑的不周，在应用时，往往画多条支撑线或压力线，并通过分析，最终确定一条支撑线或压力线。这条保留下来的切线具有一般支撑线或压力线的全部特征和作用，对今后的股价预测有一定的帮助。

黄金分割是一个古老的数学方法。对它的各种神奇的作用和魔力，数学上至今还没有明确的解释，只是发现它屡屡在实践中发挥我们意想不到的作用。

黄金分割法是依据 0.618 黄金分割率原理计算得出的点位，这些点位在证券价格上升和下跌过程中表现出较强的支撑和压力效能。其计算方法是依据上升或下跌幅度的 0.618 及其黄金比率的倍率来确定支撑和压力点位。其应用步骤为：

（1）记住以下若干个特殊的数字：

0.191， 0.382， 0.618， 0.809；

1.919， 1.382， 1.618， 1.809；

2，   2.382， 2.618， 4.236。

（2）找到一个点，以便画出黄金分割线。这个点是上升行情的结束点，或者是下降行情的结束点。这个点一经确定，就可画出黄金分割线了（见图 5-5）。

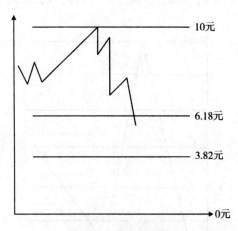

图 5-5　黄金分割线

例如，在上升行情开始调头向下时，我们极为关心这次下跌将在什么位置获得支撑。假设这次上升的顶点价位为 2245 点（2001 年 6 月 14 日沪市的最高点位），则应用上述黄金分割的第一行数据得到：

1816.2 = 2245×0.809

1387.4 = 2245×0.618

857.6 = 2245×0.382

$428.8 = 2245 \times 0.191$

这几个价位极有可能成为支撑，其中 1387.4 点和 857.6 点的可能性最大。

同样，在下降行情开始调头向上时，我们关心这次上涨到什么位置遇到压力。黄金分割线为此提供了一些价位，它们是由这次下跌的底点乘以上面的第二和第三行的数字得出的，其中以 1.382、1.618 和 2 的可能性最大。

3. 百分比线

百分比线考虑问题的出发点是人们的心理因素和一些整数位的分界点。

当股价持续向上涨到一定程度，肯定会遇到压力，遇到压力后，就要向下回撤。回撤的位置很重要。黄金分割提供了几个价位，百分比线也提供了几个价位。

以这次上涨开始的最低点和开始向下回撤的最高点两者之间的差，分别乘以几个特殊的百分比数，就可以得到未来支撑位可能出现的位置。

设低点是 10 元，高点是 22 元，这些百分数一共有 10 个，它们是（见图 5-6）：1/8，1/4，3/8，1/2，5/8，3/4，7/8，1，1/3，2/3。

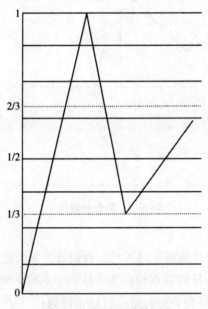

图 5-6　百分比线的划分

在百分比线中，以 1/2、1/3、2/3 这三条线最为重要。在很大程度上，回撤到 1/2、1/3、2/3 是人们的一种心理倾向。如果没有回撤到 1/3 以下，就好像没有回撤够似的；如果已经回撤了 2/3，人们自然会认为已经回撤够了。1/2 是常说的二分法。

上面所列的 10 个特殊的数字都可以用百分比表示，如 1/8 = 12.5%，1/4 = 25% 等，之所以用上面的分数表示，是为了突出整数的习惯。

如果百分比数字取为 61.8%、50% 和 38.2%，就得到另一种黄金分割线——两个点黄金分割线。在实际中两个点黄金分割线被使用得很频繁（见图 5-7）。例如，我们的技术分析引言中就运用了 38.2% 这一条分隔线，即图 5-8 中 0.382 这一压力位精确地压制住了 2009 年全年的反弹，成为那一轮行情中最强的压力位。

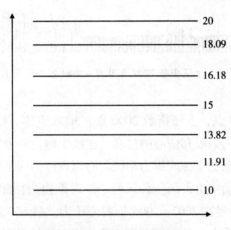

图 5-7　两个点黄金分割线

4. 历史最高点与最低点

历史最高点与最低点是价格波动中最具影响力的价位。由于历史最高点和最低点反映长期价格波动趋势中的波峰和波谷，因此对投资者有着较强的心理影响力。当价格接近历史最高点时，投资者会由于对历史最高点的恐惧而纷纷抛出手中的证券；而当价格接近历史最低点时，投资者又会受过去抄底的丰厚利润的刺激提前加入买盘的行列。因此，历史最高点位和最低点位常常表现出极强的压力和支撑效能。

5. 整数点位和心理点位

整数点位是指价格指数或价格成整数时的点位或价位。例如，深证成份指

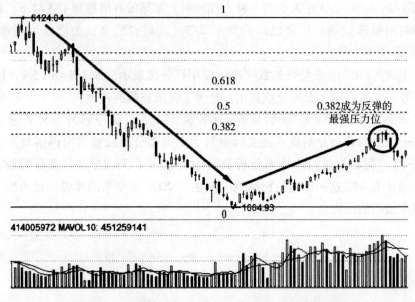

图 5-8　上证指数 2007 年 9 月~2009 年 8 月周 K 线图

数 10000 点、15000 点，上证指数 2000 点、3000 点等。整数点位往往体现了投资者对行情发展的判断和信心的强弱，很能影响投资者的情绪，因而整数点位有时也表现出较强的支撑或压力功能。心理点位不同于整数点位，它往往是在证券价格长期波动中由市场所公认的一定时期内的顶部或底部区域。例如，沪市的 1300 点，曾经在 2003~2004 年被公认为"铁底"，反映了投资者的心理信念，因而意义重大，其支撑和压力效能表现得较强烈。"铁底"一旦被击穿，坚固防线被敌方占领，多头就要遭殃了。

6. 成交密集区

成交密集区是指过去交易量大、交易比较活跃的价格区域。由于成交量大、交易活跃，因此在成交密集区及其附近堆积了大量的资金筹码。若价格波动在成交密集区之上，则成交密集区将成为日后价格下跌时较强的支撑区域；若价格波动在成交密集区之下，则成交密集区将成为日后价格上升时较强的压力区域。

7. 颈线

图形形态分析是技术分析中一种重要的分析方法。在图形形态分析中，颈线有着极其重要的意义。例如，头肩顶与头肩底形态、M 头与 W 底形态中的颈线等。颈线在价格波动中具有较强的支撑或压力效能。

8. 缺口

缺口是指价格向某一方向急速运动时没有成交量的一段真空区域。不同形态的缺口对价格波动表现出不同的支撑和压力效能，其中突破缺口和持续性缺口表现得较为强烈，而普通缺口和消耗性缺口则显得偏弱一些。但不论何种缺口，在分析中都应视其为一个支撑或压力点位。

9. 趋势线

对于上升行情来说，价格每次碰到上升趋势线后都继续上扬。因此，趋势线呈现出强烈的支撑作用。每次价格触及时，也都是不错的买点。

10. 重要均线

有时候，均线也会充当趋势线的作用。根据葛兰威尔法则的第二和第三买卖点，重要均线也可以视为买卖的重要依据。

11. 重要 K 线

长下影、大阳线、启明之星等长 K 线也可以视为支撑位。但需要注意的是：K 线的支撑作用时效较短，相对于趋势线、盘区等其力量也弱一些。因此，只能作为短期方向的参考。

事实上，压力位、支撑位这东西说容易也容易，说难也难。例如，股价上方的压力位有好几个，恨不得每隔两三毛钱就一条，就这么五步一楼十步一阁地连成了一大片，那该怎么把握？又如，盘区是一个压力位，但有时候盘区非常大、非常强，上下 30% 的区域都是盘区，价格到底运行到哪里才算是突破？上破下缘、上破盘区中间点，还是上破整个盘区？对此没有唯一的答案，只能通过对比多空双方力量来具体分析。

第二节　实战案例之一——深证成指

例如，深证成指，一年前曾经在 11000～14000 点宽幅震荡，形成了一个巨大的阻力带。当价格再次回到了这个宽大的区间时，这 3000 点的空间都存在压力，这个区间实在太宽泛了。我们该怎么处理呢？

既然宏观层面上阻力很宽泛，我们就可以用微观的 K 线来细化这一个过程。首先，在图 5-9 的 A 处，价格到达了前期高点附近，但出现了两根硕大的阴线，说明空头发力。试想：价格在前期盘区徘徊了 10 个月，积累了大量的套牢盘，可怜的投资者们日夜期盼解套的到来。因此，当价格再次回到这里时，解套盘肯定会蜂拥而出，带来强大的卖压——只有多头十分强大时，才能顺利冲破。

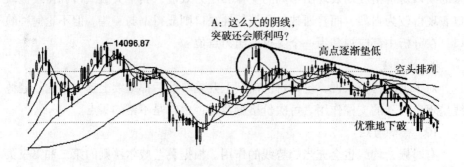

A：这么大的阴线，突破还会顺利吗？
高点逐渐垫低
空头排列
优雅地下破
—14096.87

MAVOL10: 332779421

图 5-9　深证成指 2009 年 7 月~2011 年 11 月周 K 线图

　　然而，空头的突然发力说明多头被敌方乘虚而入，并不强大。这意味着一段时间内很难突破区间，价格将在区间内盘旋震荡。既然前期盘区很漫长，根据对称性原则，这次的盘旋也短不了，需要有持久战的准备。

　　在多空拉锯中，多头的优势逐渐丧失，低点无法提高，高点逐渐垫低，空头逐渐取得优势，并形成了下降三角形。就作者的经验而言，下降三角一旦下破，通常意味着行情下跌；就算上破，多数也会转入矩形整理。原因是，下降三角形上破的目标价位之一就是过 A 点做一条水平线（即与下方支撑线平行），只要触及它，上破的力道就消耗得差不多了。再加上 A 点具有较强的压力，很容易被压回形成两条水平线之间的矩形整理。因此，不应对后市抱有过多的幻想。

　　不幸的是，多头不堪一击，价格选择了下破。随即，均线也转入了空头排列，标志着冲关失败，重启跌势。

第三节　实战案例之二——创业板指

在图 5-10 中，创业板指就是另一番景象了。首先，它也经历了约 10 个月的低位盘旋。但在 A 处之前的上冲中，几乎看不到明显的压力，价格阳线再阳线地不断上扬，几乎没有被冲击过。这不由地让人怀疑，这么大的盘区理应存在大量套牢盘，在套牢盘解套卖出中空方完全没有建树，这是不是说明多头非常强盛？之后，A 处出现了一段小幅震荡。在震荡中阴阳夹杂，盘得很稳（高点、低点都没有明显降低），空方完全没有发力的迹象。

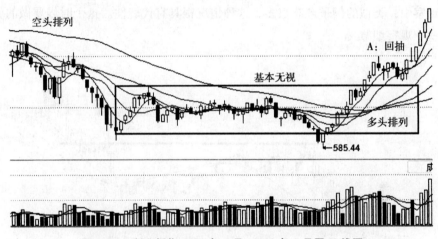

图 5-10　创业板指 2011 年 6 月~2013 年 5 月周 K 线图

我们上边提到过：冲破一个强大的阻力位之后，价格很有可能出现回抽，确认一下这个阻力是否真的被突破，前期压力是否正式转为支撑。而这一段盘整就是个回抽的过程，也可以认为多头进攻得累了，休息一下。但从空方的角度，这么明显地给机会都无力回天——颓势已然明显。再加上均线组已经从空头排列转换为多头排列，多头一旦发力价格必将扶摇直上。

上破 A 处高点后，创业板指再涨 80%。

第四节　实战案例之三——莱茵生物

创业板指是在完全突破盘区之后转入回抽，这个还比较容易判断。假如更复杂一些，在盘区上缘处不断震荡又会如何呢？

例如，莱茵生物，在一根强势大阳线之后达到了前期盘区上轨，将来会如何？一旦上破，那就形成了一个头肩底，行情将继续向上；如果转折向下，也可能会形成矩形整理，也可能会形成双顶。但问题是：就目前而言，上破了吗？不是。没上破吗？也不对……那将来该如何？这可给投资者出了个难题。

但是，价格可不会模棱两可。整理结束后要么是上冲要么是回落。在作者的观察中，类似的例子还有很多，这种情况很具有代表性。这个时候要做的就是——观察细节。

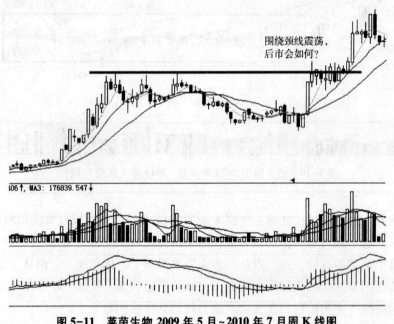

围绕颈线震荡，后市会如何？

图5-11　莱茵生物 2009 年 5 月~2010 年 7 月周 K 线图

从图5-12的日 K 线图中，我们可以看到，价格始终在前期盘区上缘附近翻腾。但折腾的过程中高点并未降低，低点却逐渐升高，说明多头占据着主动。

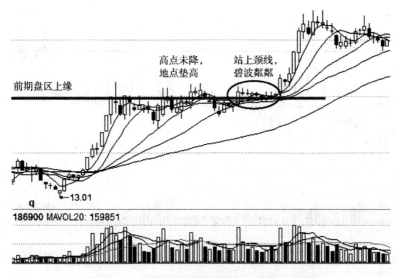

图 5-12　莱茵生物 2010 年 6~9 月日 K 线图

试想：假如这个地方具有很强的压力，价格还会盘得这么稳当吗？说不定就会像图 5-9 那样两根大阴线直接下去了。可见，空头屡弱，多头突破多半是成功的。

到了再次上冲前的最后区域，8 根小 K 线碧波粼粼。就作者观察，这种碧波粼粼的图形一旦出现，几乎就是变盘在即的信号。再加上"碧波粼粼"出现在颈线上方，更加强了变盘向上的味道（注意碧波粼粼和后面第七章第三节中光洁如镜的区别：光洁如镜是价格几个月甚至一两年都这样；而碧波粼粼是在一段时间的震荡整理后，价格的震荡逐渐平缓下来，只会持续几天）。

从均线上看，前期价格冲得过了，在四五个涨停中距离均线过远，此处再进行乖离率修正。而修正结束的标志之一就是价格重新回到了均线附近。显然：碧波粼粼处价格与 5 日平均线、10 日平均线、20 日平均线、30 日平均线交汇一处，修正基本到位；周线上又受到了 10 周平均线的支撑。变盘向上真的是众望所归。

仅仅是 8 个交易日，价格又上涨了 40%。

➡ 本章习题

2014 年 8 月，莱茵生物出现了如图 5-13 的走势。请问投资者：如果今天是这张图截止的那一天，那应该继续买入，还是卖出离场？为什么？参考答案见书后。

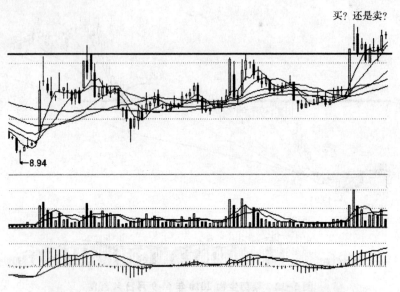

图 5-13　莱茵生物 2012 年 11 月~2014 年 9 月周 K 线图

你说什么？想看日线图（见图 5-14）？没问题。

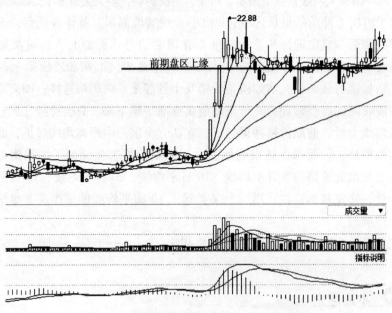

图 5-14　莱茵生物 2014 年 5~9 月日 K 线图

下面，轮到你了。

附3：章末图形介绍

本文通过3个例子向读者展现了如何针对宽幅盘区进行支撑或压力分析。应该说压力位或支撑位是技术投资者的必修课，盘区是这当中的重点、难点所在。对于均线、K线的压力支撑作用前文已有所涉及，有兴趣的投资者可以再去复习一下。

在结束技术分析之前，让我们再看看相反理论，来丰富一下视野。

（一）相反理论的基本原理

相反理论的出发点是基于这样一个原则：当市场内投资者趋于一致性地看好后市时，后市将会下跌；当市场内投资者趋于一致性地看淡后市时，后市将会上涨。用中国传统哲学概括就是"物极必反"。

相反理论认为在趋势运行过程中，如果进行统计，将会发现超过半数的投资者对基本趋势方向的判断是正确的，但是在趋势即将逆转之时，投资者的看法会趋于一致性地出现错误。

为什么会出现这种现象呢？

以上升趋势来说，在上升趋势刚出现时，市场内多空双方意见不一，但多方人数略多，可以推动股价上涨，空方只能使上涨趋势出现回档却不能阻止上升趋势继续，这时就到了上升趋势发展阶段。这一阶段更多投资者注意到上升趋势已成定局，于是不断有投资者由空翻多加入到多方阵营，这时多数投资者看法是正确的，空翻多导致多空双方的实力对比更加悬殊，上升趋势发展更快，引发更多的空翻多现象。在这种不断循环发展的过程中达到了上升趋势的最后阶段——结束阶段，这时空翻多现象已发展为一致性行为，市场情绪狂热，几乎所有人都看好后市，导致能够投入的资金已经全部投入，资金来源枯竭。这时危机到来了：资金几乎全部投入导致后续资金不足，剩余资金与筹码的数量相比出现巨额空缺，失去足量资金的不断补充支撑，股价不可能再维持高位，下跌即变为现实，于是上升趋势在万众欢呼中结束。

这种"一致性看好—全部资金投入—资金来源枯竭—股价失去支撑—下跌"正是牛市中所有人都犯错误的根源。表面上一致性看好后市而股价反而下跌难以理解，本质上一致看好之时会把多方的弹药（资金）用尽才是股价下跌的直接原因，没有武器的队伍是无法打胜仗的。

在下降趋势出现时，市场内空方人数略多，推动股价不断下跌，多方只能使下跌趋势出现反弹，但不能阻止下降趋势继续，于是才出现了下降趋势发展阶段。这时更多投资者注意到下降趋势已成定局，不断有投资者由多翻空，加入到空方阵营，这时多数投资者的看法是正确的，多翻空导致多空双方实力对比更加悬殊，下降趋势发展更快，引发更多的多翻空现象。在不断发展的过程中达到了下降趋势的最后阶段——结束阶段，这时多翻空现象已发展为一致性行为，市场情绪冷淡低迷，几乎所有人都看淡后市，能够抛出的筹码已经全部抛出，卖出筹码近乎枯竭。这时转机来了：筹码几乎全部抛出，导致筹码不足，市场内剩余资金与浮动筹码数量相比出现巨额过剩，没有新筹码的不断补充，股价在越来越多的资金支持下不可能维持低位，上涨即变为现实，于是下降趋势在几乎无人理睬之时结束。

这种"一致性看淡—全部筹码抛出—浮动筹码枯竭—资金盈余—股价上涨"是熊市中所有人犯错误的根源。表面上一致看淡后市而股价反而上涨难以理解，本质上一致看淡后市之时已经把空方的弹药（筹码）用尽才是股价上涨的直接原因。

（二）相反理论的定量分析

依据相反理论进行市场的实际操作并不容易，因为相反理论的定量分析比较困难。

相反理论的定量分析一般以"好友指数"为依据。"好友指数"理论上为0%~100%，表示市场内看好后市者占全部投资者的百分比。全体一致性看好后市好友指数为100%；全体一致性看淡后市好友指数为0%；如果有一半投资者看好后市则好友指数为50%，表示市场内多空双方力量均衡、方向不明。

通常好友指数以50%为中心呈现正态分布形态，越靠近50%出现几率越大，越接近0%或100%出现几率越小。一般情况下好友指数40%~60%表示多空双方力量平衡，后市方向不明。好友指数在20%~40%可分为两种情况：一种是股价仍在下跌，后市仍然不乐观；另一种是股价刚开始出现上涨，这时正处于复苏阶段，后市看好。好友指数处于60%~80%也有两种情况：一种是股价仍在上涨，则后市仍可看好；另一种是股价刚开始出现下跌，这时处于下跌初期且在热已过，后市看淡。好友指数处于10%~20%，一般表示至少是一次阶段性底部已经能够接近。好友指数在0%~10%则是一次难得的买入时机就在眼前。好友指数处于80%~90%，一般表示至少一次阶段性顶部已经接近。好友指数在90%~100%则是一次难得的最佳卖出时机。集中情况可列表如下：

表5-1

好友指数区间	股价方向配合	后市
0%~10%	—	强烈看好
10%~20%	—	一般看好
20%~40%	下跌	一般看淡（下跌为止）
	上涨	一般看好（上涨初起）
40%~60%		方向不明
60%~80%	上涨	一般看好（上涨为止）
	下跌	一般看淡（下跌初起）
80%~90%		一般看淡
90%~100%		强烈看淡

表5-1中对于好友指数的区分只是一个大致的标准，每个市场的情况有些不同，具体市场的分布情况应在实践中具体分析。

相反理论针对大势不针对个股，好友指数不能单独使用，还必须配合对股价以及其他指标分析。

上述好友指数的定义很简单，实际应用却有许多难处，最大的困难是统计数字难以搜集。不可能对市场中的每个投资者进行这种经常性统计，一般只能借助公共传媒的评论进行统计，因为公共传媒一般可以代表投资者的看法，但这种统计也是较困难的，这也是相反理论定量分析用于实战的难点所在。

（三）相反理论应用中的误区

相反理论解释了市场中物极必反的本质现象，反映了客观规律，越来越多的人理解并尝试应用相反理论，但成功概率并不高。这是因为使用者陷入了相反理论应用中的误区——滥用相反理论。

滥用相反理论表现在股价趋势仍在上涨、多数投资者看好之时，部分投资者会误以为现在是应用相反理论的时机，自作聪明地抛出股票，岂料聪明反被聪明误，股价仍在上涨，白白错过一大段将要到手的利润，这时往往不甘心而再次买入，结果落得顶部套牢的噩运。

　　这种滥用同样表现在：股价趋势仍在下跌，多数投资者看淡之时，部分投资者会误以为又是应用相反理论的时机，自作聪明地买入股票，岂料股价仍在下跌，再次被套。

　　上述两种情况都是对相反理论理解不深所致，相反理论首先承认多数投资者在基本趋势的判断上是正确的，并且在多数时间上正确，只有当市场人士的看法已经能够发展到空前的一致性这种极端的情况时才会出现整体性的错误，极端情况的出现毕竟只是极少数。

　　所以，不要试图在出现这种极端情况之前就投入反向交易，真理多迈一步也许就是谬误，相反理论应用得不当，就会陷入逆市而为的窘境。

　　上述应用的误区从本质上讲仍未脱离相反理论指出的现象：在上升趋势中仍然有部分（自以为应用相反理论的）投资者做出卖出的决定，说明市场中并未达到"空前一致性"看好，自然上升趋势不会见顶结束；下降趋势也是一样，如果仍然有部分（自以为应用相反理论的）投资者在买入，说明市场未达到"空前一致性"看淡，自然下降趋势不会见底回升。客观规律是不会欺骗人的。相反理论指出市场必须达到真实的空前一致性后才会出现逆转，也就是说，几乎所有投资者已经忘记相反理论的作用时相反理论才会发生作用，这正是相反理论的玄妙之处。

第六章 技术指标综合运用——预警信号更胜一筹

第一节 基本指标介绍

(一) 指数平滑异同移动平均线 (MACD)

1. 指数平滑异同移动平均线 (MACD) 原理与计算

指数平滑异同移动平均线 (Moving Average Convergence and Divergence, MACD) 是两条指数平滑线之差，即快速移动平均线 (短期线) 与慢速移动平均线 (长期线) 之差。MACD 由差离值 (DIF) 和异同平均数 (DEA) 两部分组成。MACD 计算步骤及公式如下：

(1) 计算 EMA_t：

$$EMA_t = EMA_{(t-1)} \times (n-1)/(n+1) + C_t \times 2/(n+1)$$

第一个 EMA_1 值等于第一天的收盘价，n 参数常用 12 和 26，计算出快速移动平均线 (EMA_{12}) 和慢速移动平均线 (EMA_{26})。

(2) 设 12 日指数平滑移动平均线为 EMA_{12}，26 日指数平滑移动平均线为 EMA_{26}，当日收盘价为 C_t，计算从起始日起的第 n 天 EMA_{12} 和 EMA_{26}：

n 日　$EMA_{12} = (n-1)$ 日 $EMA_{12} \times 11/13 + C_t \times 2/13$

n 日　$EMA_{26} = (n-1)$ 日 $EMA_{26} \times 25/27 + C_t \times 2/27$

(3) 计算 DIF：

$$DIF = EMA_{12} - EMA_{26}$$

(4) 计算从起始日起第 n 天差离平均值 (DEA，即 DIF 的 9 日指数平滑移动平均线)：

$$DEA = (n-1) 日 DIF \times 8/10 + DIF \times 2/10$$

其中可用第一个 DIF 作为 DEA 的初值。

(5) 计算 MACD 柱状线：

MACD 柱状线 = DIF-DEA

2. MACD 特性

同移动平均线一样，指数平滑异同移动平均线同样是对股票价格进行平均处理，消除小的和次要的内容，保留和再现股票价格趋势本质性的内容。MACD 与 MA 相比较，MACD 除掉了 MA 频繁发出买卖信号，对发出信号的要求和限制有所增加，假信号出现的机会降低，发出的信号比 MA 更可靠。在横盘的市场中，MACD 发出的信号也不可靠，对于把握股票价格未来的涨跌没有意义。

在 MACD 图形上有三条线：DIF 线、DEA 线和 MACD 柱状线。买卖信号就是 DIF 线和 DEA 线的正负位置和交叉，同时观察 MACD 柱状线的正负和长短。当 DIF 值和 DEA 值为负值时，表明市场目前处于空头市场，即熊市；当 DIF 值和 DEA 值为正值时，表明市场目前处于多头市场，即牛市。

MACD 值没有固定的数值界限，其数值围绕零值上下摆动，属摆动指标。一定时期的 MACD 值有一个常态分布范围，其常态数值区间随时期不同会有改变。

3. MACD 意义

MACD 是一个比较复杂的指标，主要原因是它使用了两次指数平滑移动平均的计算，而正由于 MACD 的两次平滑计算法才能够更加可靠地反映市场的中级趋势方向。在移动平均线理论中有两种重要位置关系：一种是股价与移动平均线的位置关系，乖离率理论已经把这种位置关系量化；另一种是短期移动平均线（快速线）与长期移动平均线（慢速线）的位置关系，MACD 理论把这种位置关系予以量化。指数平滑异同移动平均线中的"异同"就是指快速线与慢速线方向相同或相反之意。

MACD 中的 DIF 是快速线与慢速线之差，表示快慢线之间距离远近。DEA 则表示一定时期内快慢线之间的平均距离。MACD 柱状线表示短期内快慢线距离与一定时期内平均距离的对比。MACD 的买卖信号正是由这三者代表的意义决定的。见图 6-1 和图 6-2MACD 的实战应用。

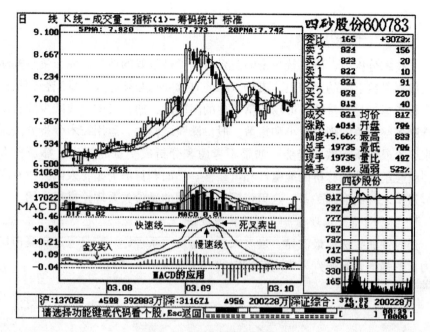

图 6-1 MACD 的实战应用

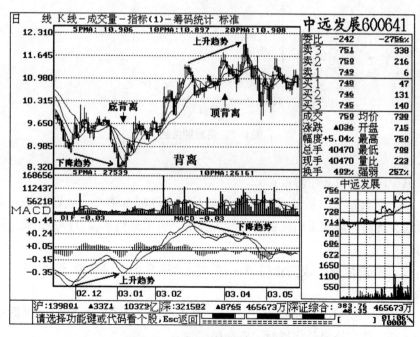

图 6-2 技术指标背离的实战应用

（二）价量关系

在技术分析中，研究量与价的关系占据了极重要的地位。成交量是推动股价或股票指数上涨的原动力，市场价格的有效变动必须有成交量配合，量是价的先行指标，是测量证券市场行情变化的温度计，通过其增加或减少的速度可以推断多空战争的规模大小和指数、股价涨跌之幅度。运用技术分析方法研究未来股价或股票指数的趋势，如果不考虑和分析成交量的变化，都是舍本求末，就会削弱技术分析的准确性和可靠性。然而到目前为止，人们并没有完全掌握量价之间的准确关系。这里仅就目前常用的量价关系理论进行介绍。

1. 古典量价关系理论——逆时钟曲线法

逆时钟曲线法是最浅显、最易入门的量价关系理论。它是通过观测市场供需力量的强弱，来研判未来走势方向的方法（见图6-3）。

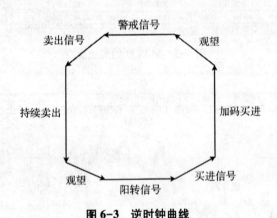

图6-3　逆时钟曲线

其应用原则有8个阶段：

（1）阳转信号。股价经过一段跌势后，下跌幅度缩小，止跌趋稳；同时在低位盘旋时，成交量明显由萎缩转为递增，表示低档承接力转强，此为阳转信号。

（2）买进信号。成交量持续扩增，股价回升，逆时钟曲线由平向上时，为最佳买入时机。

（3）加码买进。当成交量增至某一高水准时，不再急剧增加，但股价仍继续上升，此时逢股价回档时，宜加码买进。

（4）观望。股价继续上涨，但涨势趋缓，成交量未能跟上，走势开始有减退的迹象，此时价位已高，不宜再追高抢涨。

（5）警戒信号。股价在高位盘整，已难创新高，成交量明显减少，此为警戒信号。此时投资者应做好卖出准备，宜抛出部分持股。

（6）卖出信号。股价从高位滑落，成交量持续减少，逆时钟曲线的走势由平转下时，进入空头市场，此时应卖出手中股票，甚至融券放空。

（7）持续卖出。股价跌势加剧，呈跳水状，同时成交量均匀分布，未见萎缩，此为出货行情。投资者应果断抛货，不要犹豫、心存侥幸。

（8）观望。成交量开始递增，股价虽继续下跌，但跌幅已小，表示谷底已近，此时多头不宜杀跌，空头也不宜肆意打压，应伺机回补。

逆时钟曲线法存在如下不足：

（1）尽管逆时钟曲线简单易懂，但对于复杂的K线量价关系无法做出有效诠释。

（2）股价剧烈波动，时常发生单日反转，若刻板地应用，会有慢半拍之感，不易掌握良好的买卖点。

（3）高位时价跌量增，量价背离形态未能呈现出来，无法掌握绝佳卖点；低位时的价稳量缩也无法呈现出来，不易抓住绝佳买点。

（4）上文第（8）项的观望阶段，极易与高位价跌量增、杀盘沉重观念相互混淆，须注意。

尽管逆时钟曲线法有诸多缺点，但仍有其易于应用的正面价值，可以加以运用，但切勿陷入教条，须结合实际情况。

2. 成交量与股价趋势——葛兰碧九大法则

美国股票投资专家曾说过"成交量是股市的元气，股价只不过是股价的表征而已，成交量的变化是股价变化的前兆"。这一精辟的论述，道出了成交量与股价之间的密切关系。葛兰碧在对成交量与股价趋势关系研究之后，总结出下列九大法则：

（1）价格随着成交量的递增而上涨，为市场行情的正常特性，此种量增价升的关系，表示股价将继续上升。

（2）在一个波段的涨势中，股价随着递增的成交量而上涨，突破前一波的高峰，创下新高价，继续上扬。然而，此段股价上涨的整个成交量水准却低于前一个波段上涨的成交量水准。此时股价创出新高，但量却没有突破，则此段股价涨势令人怀疑，同时也是股价趋势潜在反转信号。

（3）股价随着成交量的递减而回升，股价上涨，成交量却逐渐萎缩。成交量是股价上升的原动力，原动力不足显示出股价趋势潜在的反转信号。

（4）有时股价随着缓慢递增的成交量而逐渐上升，渐渐地走势突然成为垂直上升的喷发行情，成交量急剧增加，股价跃升暴涨；紧随着此波走势，继之而来的是成交量大幅萎缩，同时股价急速下跌。这种现象表明涨势已到末期，上升乏力，显示出趋势有反转的迹象。反转所具有的意义，将视前一波股价上涨幅度的大小及成交量增加的程度而言。

（5）股价走势因成交量的递增而上升，是十分正常的现象，并无特别暗示趋势反转的信号。

（6）在一波段的长期下跌形成谷底后，股价回升，成交量并没有随股价上升而递增，股价上涨欲振乏力，然后再度跌落至原先谷底附近或高于谷底。当第二谷底的成交量低于第一谷底时，是股价将要上升的信号。

（7）股价往下跌落一段相当长的时间，市场出现恐慌性抛售，此时随着日益放大的成交量，股价大幅度下跌；继恐慌卖出之后，预期股价可能上涨，同时恐慌卖出所创的低价，将不可能在极短的时间内突破。因此，随着恐慌大量卖出之后，往往是（但并非一定是）空头市场的结束。

（8）股价下跌，向下突破股价形态、趋势线或移动平均线，同时出现大成交量，是股价下跌的信号，明确表示出下跌的趋势。

（9）当市场行情持续上涨数月之后，出现急剧增加的成交量，而股价却上涨无力，在高位整理，无法再次向上大幅上升，显示了股价在高位大幅震荡，抛压沉重，上涨遇到了强阻力，此为股价下跌的先兆，但股价并不一定必然会下跌。股价连续下跌之后，在低位区域出现大成交量，而股价却没有进一步下跌，仅出现小幅波动，此即表示进货，通常是上涨的前兆。

3. 涨跌停板制度下量价关系分析

由于涨跌停板制度限制了股票一天的涨跌幅度，使多空的能量得不到彻底的宣泄，容易形成单边市。很多投资者存在追涨杀跌的意愿，而涨跌停板制度下的涨跌幅度比较明确，在股票接近涨幅或跌幅限制时，很多投资者可能禁不起诱惑，挺身追高或杀跌，形成涨时助涨、跌时助跌的趋势。而且，涨跌停板的幅度越小，这种现象就越明显。目前，在沪、深证券市场中，ST板块的涨跌幅度由于被限制在5%，因而它的投机性也是非常强的，涨时助涨、跌时助跌的现象最为明显。

在实行涨跌停板制度下，大涨（涨停）和大跌（跌停）的趋势继续下去，是以成交量大幅萎缩为条件的。拿涨停板时的成交量来说，在以前，看到价升量增，我们会认为价量配合好，涨势形成或会继续，可以追涨或继续持股；如上涨时成交量不能有效配合放大，说明追高意愿不强，涨势难以持续，应不买或抛出手中股票。但在涨跌停板制度下，如果某只股票在涨停板时没有成交量，那是卖主目标更高，想今后卖出好价，因而不愿意以此价抛出，买方买不到，所以才没有成交量。第二天，买方会继续追买，因而会出现续涨。然而，当出现涨停后中途打开，成交量放大，说明想卖出的投资者增加，买卖力量发生变化，下跌有望。

类似地，在以前，价跌量缩说明空方惜售，抛压较弱，后市可看好；若价跌量增，则表示跌势形成或继续，应观望或卖出手中的筹码。但在涨跌停板制度下，若跌停，买方寄希望于明天以更低价买入，因而缩手，结果在缺少买盘的情况下成交量小，跌势反而不止；反之，如果收盘仍为跌停，但中途曾被打开，成交量放大，说明有主动性买盘介入，跌势有望止住，盘升有望。

在涨跌停板制度下，量价分析基本判断为：

（1）涨停量小，将继续上扬；跌停量小，将继续下跌。

（2）涨停中途被打开次数越多、时间越久、成交量越大，反转下跌的可能性越大；同样，跌停中途被打开的次数越多、时间越久、成交量越大，则反转上升的可能性越大。

（3）涨停关门时间越早，次日涨势可能性越大；跌停关门时间越早，次日跌势可能越大。

（4）封住涨停板的买盘数量大小和封住跌停板时卖盘数量大小可说明买卖盘力量的大小。这个数量越大，继续当前走势的概率越大，后续涨跌幅度也越大。

不过，要注意庄家借涨停板制度反向操作。比如，他想卖，先以巨量买单挂在涨停位，因买盘量大集中，抛盘措手不及而惜售，股价少量成交后收涨停。自然，原先想抛的就不抛了，而这时有些投资者以涨停价追买，此时庄家撤走买单，填卖单，自然成交。当买盘消耗差不多了时，庄家又填买单接涨停价位处，以进一步诱多。当散户又追入时，庄家又撤买单再填卖单……如此反复操作，以达到高挂买单虚张声势诱多，在不知不觉中悄悄高位出货。反之，庄家想买，他先以巨量在跌停价位处挂卖单，吓出大量抛盘时，他先悄悄撤除原先卖单，然后填写买单，吸纳抛盘。当抛盘吸纳将尽时，他又抛巨量在跌停板价位处，再恐吓持筹者，以便吸纳……如此反复。所以，在此种场合，巨额买卖单多是虚的，不足以作为判断后市继续先前态势的依据。判断虚实的根据为是否存在频繁挂单、撤单行为，涨跌停是否经常被打开，当日成交量是否很大，若回答为是，则这些量必为虚；反之，则为实，从而可依先前标准做出判断结论。

第二节　银广夏的启示

2001 年，银广夏（现更名 *ST 广夏）因财务造假股价暴跌，在连续 15 个跌停板中股价一路从 22.6 元跌至 4.68 元，在跌停打开后又出现一系列续跌，先跌到 1.56 元，反弹之后再跌到 0.55 元。假如在最高点买入 100 万元，此刻也只剩 2 万元了，真应了那句"宝马进去、自行车出来"。

但事实上，在暴跌之前技术面就已经出现问题了。任何重大消息在出炉之前，总会有一些内幕人士开始暗地操作。例如，"短信效应"是说公司在召开并购重组等重大董事会议的时候，就已经有人借着上厕所的借口把短信发出去，做手由此展开操作，股价就开始出现异动。等一段时间消息完全公开后，他们就开始逢高兑现、获利离场，股价进入调整。这就是所谓的"利好出尽是利空"，也是所谓的"买预期、卖事实"的来由。

让我们再来想想：财务造假，公司高管真的不知道吗？财务总监真的不知道吗？董事会真的不知道吗？在真正事发之前，他们早在大量卖出中跑得没影了——谁都清楚纸里包不住火。这个时候，股价就已经出现了疲软的征兆。让我们延续一贯的原则，从月线开始：

图 6-4 的问题很多。首先，该股在不到一年中从 4.52 元接连暴涨到 27.77 元，本身就积累了大量的获利盘没有消化，一旦回调幅度也会非常明显。再加上均线开口过大、股价距离中长期均线过远，有向均线回归调整的需求，这本身就是葛兰威尔的第四卖出点。从这两点看，本身就应该躲远点。要知道这可是月 K 线图——回调一旦展开，幅度会非常之大，时间会非常之长，没个一年以上绝不可能。从 28 元调整到 14 元，那叫作跌幅 50%；但要从 14 元到 28 元，那叫作翻倍。

从 K 线上看，更加的疲弱。三连阴就已经是看跌信号了，又名三只黑乌鸦。那么八连阴意味着什么？至少说明在 8 个月中多头没有什么反击的能力，盘势基本由空方掌控——只是未到宣泄之时。这 8 个月很可能就是公司高管和

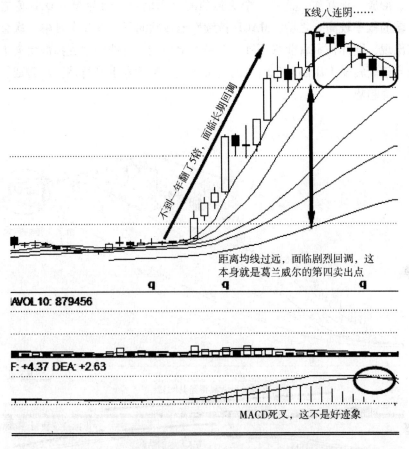

图6-4 银广夏1998年8月~2001年8月月K线图

董事层兑现获利阶段，接连不断的卖压让股票价格持续疲软。再加上MACD死叉，这两点都标志着回调阶段的开始。哪怕没有财务造假丑闻，这样的暴涨也要持续疲弱很长的时间。

接下来，看一下图6-5的周K线。首先，在价格屡创新高的时候成交量不断萎缩，连续出现价量关系背离。就作者的经验而言，价量关系通常会在最早的时候发出警示信号，告诉投资者："银广夏已经成为了庄家自导自演的独角戏，其高昂的价格已经失去了市场的认可，一定要慎重。"事实上，在暴跌后成交量反而大幅上升，这说明暴跌后才是市场认可的真实价格。当然，警示信号只是警醒投资者价格趋势可能存在问题，应小心为上，并不代表变盘将马上到来。随后，在价格创出新高的时候MACD未创新高，而是从次高点回荡向下、形成了顶背离，这是一个更强烈的警示信号，因为 MACD 背离之后价格反转的概率较高。之后，MACD 持续性地疲软向下，在 8 个月中一次金叉也没有出现，同样预示着前景不妙。在图的最后端，均线组由支撑股价向上的多头排列逐渐转变为压制股价向下的空头排列，暗示着上升行情大功告成，即将开启下降趋势。

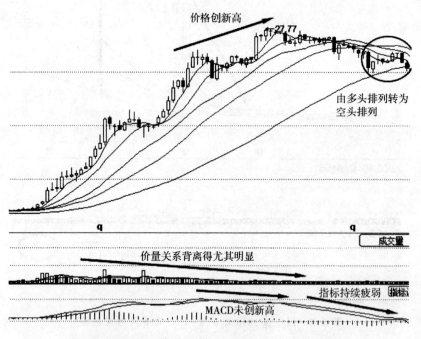

图 6-5　银广夏 1999 年 12 月~2001 年 8 月周 K 线图

周 K 线、月 K 线上的下跌信号已经如此明显，根据长线护短原则，作者认为都没有分析日 K 线的必要，逃命即可。很快，暴跌就开始了，让我们一睹尊容。

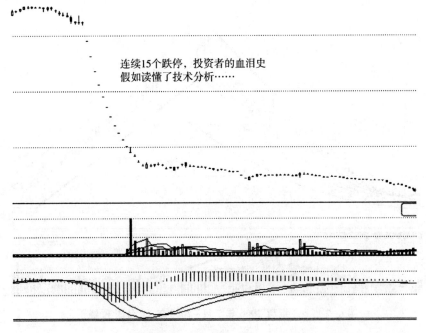

连续15个跌停，投资者的血泪史
假如读懂了技术分析……

图6-6 银广夏2001年7月~2002年1月日K线图

第三节 量能退潮

在上一节中，我们介绍了价量关系背离。作者认为，最为严重的警示信号就是量能退潮，在若干年中这几乎成为了"老牛"的丧钟。下面就让我们以案例的形式介绍一下这个恐怖预言。

所谓的量能退潮，是指周线级别上成交量一浪低于一浪、呈潮汐状快速退去，而且撤退幅度很大，在图6-7中，先是出现了严重的价量关系背离，上证指数迅速创新高，但成交量却呈现出大幅萎缩，新的峰值远远比不上上一个波峰，呈现出周线上的量能退潮。很快，就进入到了2008年的大熊市。

作者认为，周线上的量能退潮是最应引起警觉的信号之一，往往预示着长期调整甚至熊市，各种先例比比皆是，如图6-8的沪深300指数，虽然没有出现价量关系背离，但周线的量能退潮本身就是恐怖的。随后就出现了一年多的调整，最大跌幅达40%。图6-9中的深证成指也一样，先是价量关系背离加量

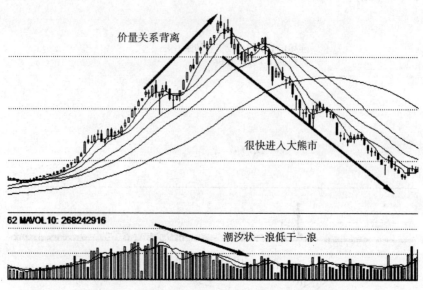

价量关系背离

很快进入大熊市

62 MAVOL10: 268242916

潮汐状一浪低于一浪

图 6-7　上证指数 2006 年 7 月~2008 年 11 月周 K 线图

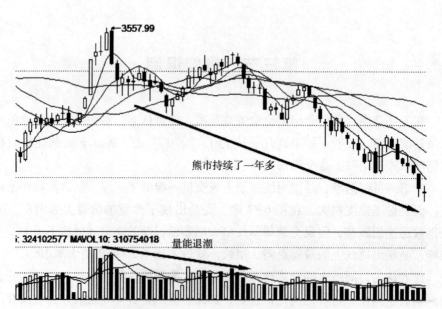

3557.99

熊市持续了一年多

i: 324102577 MAVOL10: 310754018　量能退潮

图 6-8　沪深 300 指数 2010 年 7 月~2011 年 12 月周 K 线图

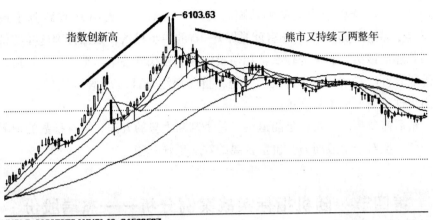

指数创新高

6103.63

熊市又持续了两整年

AVOL5: 20237378 MAVOL10: 21568587

量能退潮

图 6-9　深证成指 1996 年 5 月~1998 年 8 月周 K 线图

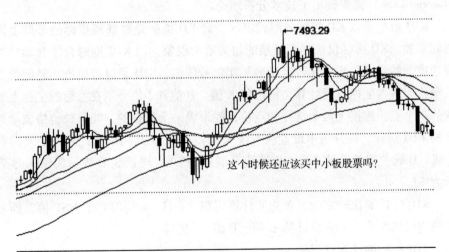

7493.29

这个时候还应该买中小板股票吗?

3138690 MAVOL5: 65184202 MAVOL10: 61469655

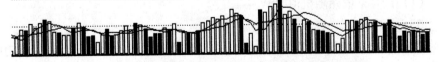

图 6-10　中小板指 2009 年 9 月~2011 年 6 月周 K 线图

能退潮，预示着更强烈的调整，随后又熊了两整年，从 6103 点跌到了最低 2568 点，跌幅接近 60%。还有就是图 6-10 的中小板指，如果看到这样的价量关系你还应该买入吗？为什么？相信投资者能够找到答案。至于后市如何，打开炒股软件一看就知道。再提示一遍：量能退潮是针对周 K 线图的，日 K 线图出现这种情况还不算严重。

最后需要指出的是：量能退潮只是个判断大势的方法，它对指数的预测效果极佳，但对于个股而言，价量背离的效果更好一些。

第四节　随机指标实战案例分析——杰瑞股份

（一）图形介绍——随机指标（KDJ）

1. KDJ 简介

随机指标（KDJ）最早起源于期货市场，并得到广泛使用。乔治·兰恩（George Lane）首先提出了技术分析理论。

KDJ 最早是以 KD 指标的形式出现，而 KD 指标是在威廉指标的基础上发展起来的。KD 指标仅仅判断股票的超买超卖现象，而 KDJ 则融合了移动平均线速度上的观念，形成比较准确的买卖信号依据。KDJ 是以最高价、最低价及收盘价为基本数据进行计算，得出的 K 值、D 值和 J 值分别在指标的坐标上形成的一个点，连接无数个这样的点位，就形成一个完整的、能反映价格波动趋势的 KDJ 指标。在分析中设置快速线 K 和慢速线 D 共同研判，另外还有考察 K 线、D 线位置关系的 J 线。快速线 K 表示为%K，慢速线 D 表示为%D，J 表示为%J。

KDJ 的计算比较复杂，首先要计算周期（n 日、n 周等）的 RSV 值，即未成熟随机指标值，然后再计算 K 值、D 值、J 值等。

KDJ 指标的计算过程是：

（1）计算未成熟随机值 RSV_n：

$$RSV_n = 100 \times (C_n - L_n)/(H_n - L_n)$$

其中，n 表示所选的周期天数，C_n 表示计算日当天收盘价，L_n 表示周期内最低价，H_n 表示周期内最高价。未成熟随机值 RSV_n 表示计算日当天收盘价在周期内最高价到周期内最低价之间的距离。

（2）计算 K 值和 D 值：

$K_t = RSV_t×1/3+K_{(t-1)}×2/3$

$D_t = K_t×1/3+D_{(t-1)}×2/3$

其中，K_t 表示计算日当天的 K 值，$K_{(t-1)}$ 表示计算日前一天的 K 值，RSV_t 表示计算日当天未成熟随机值；D_t 表示计算日的 D 值，$D_{(t-1)}$ 表示计算日前一天的 D 值；t 表示计算日期。

由上式可以看出，K 值实际上是 RSV 的 3 天指数平滑移动平均线，D 值是 K 值的 3 天指数平滑移动平均线。KD 指标表示了计算日收盘价在周期内最高价和最低价间的两次平滑计算结果。

K 值和 D 值需要有初值，初值可在 0~100 选择，如选 $K=D=RSV_1$ 或者 $K=D=50$。

（3）计算 J 值：

$J=3×K-2×D$ 或 $J=3×D-2×K$

2. KDJ 的分析周期

10 日以下为分析参数的 KDJ 的研判适用周期为 3 天左右（从金叉到死叉为 3 天时间）；50 日以下为分析参数的 KDJ 的研判使用周期为 10 天左右；50 日以上为分析参数的 KDJ 的研判适用周期为 20 天左右。日 KDJ 是短中期最多维持 15~30 天；周 KDJ 是中期，维持时间为 1~3 个月（一旦金叉，一个月内基本会涨，但涨幅不能确定）；月 KDJ 是长期，维持时间一般为 3~5 个月。

3. KDJ 的数值范围和作图

K 值和 D 值均在 0~100，属摆动指标。

把 K 值、D 值、J 值标在以时间为横轴、以 KDJ 为纵轴的直角坐标上，分别用曲线平滑连接每天的 K 值、D 值和 J 值即得到 KDJ 的三条曲线。

4. KDJ 的应用法则

KDJ 指标由 3 根曲线组成，移动速度最快的是 J 线，其次是 K 线，最慢的是 D 线。

KDJ 位置信号（见图 6-11）：KDJ 的区间主要分为三个小部分，20 以下、20~80 和 80 以上。其中 20 以下的区域为超卖区；80 以上的区域为超买区；20~80 的区域为买卖平衡区。当 K 值、D 值、J 值都大于 50 时，为多头市场，后市看涨；当 K 值、D 值、J 值都小于 50 时，为空头市场，后市看空。

在实战中，当股价持续上涨时，股价会保持在周期内的较高位置，KDJ 表

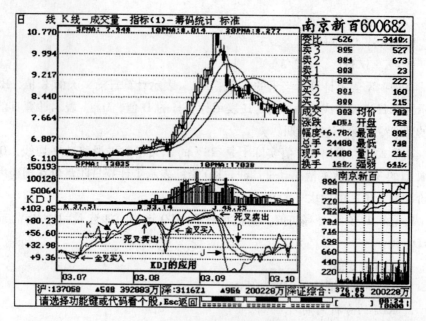

图 6-11　KDJ 的实战应用图

现为 K 线和 D 线会不断上升，维持在 50 以上，表明市场处于强势；当股价持续下跌时，股价会保持在周期内的较低位置，K 线和 D 线不断下降，维持在 50 以下，表明市场处于弱势。

当强势持续，K 线和 D 线进入过高位置时即是高价警戒信号，一般标准是 K 线在 80 以上、D 线在 70 以上时是超买信号，股价即将回落；当弱势持续时，K 线和 D 线进入较低位置时，即是低价警戒信号，一般标准是 K 线在 20 以下、D 线在 30 以下时是超卖信号，股价即将上涨。K 线和 D 线在 50 附近时信号不明。

KDJ 方向信号：KDJ 的方向具有趋势特点，如果 K 线、D 线和 J 线在高位开始减慢上升速度、走平或调头向下是卖出信号；如果 K 线、D 线和 J 线在低位开始减慢下降速度，走平或调头向上是买进信号。

KDJ 背离信号：如果股价创新高后回档，KDJ 创新高后也随股价下跌，之后股价再创新高而 KDJ 却未创新高，说明 KDJ 不再支持股价上升，KDJ 与股价出现顶背离卖出信号；如果股价创新低后反弹，KDJ 创新低后也随股价反弹，之后股价再创新低而 KDJ 却未创新低，说明 KDJ 不再支持股价下降，KDJ 与股价出现底背离买入信号。

KD 交叉信号：当快速线 K 在低位自上而下与慢速线 D 出现黄金交叉时是买入信号；当快速线 K 在高位自上而下与慢速线 D 出现死亡交叉时是卖出信号。

背离信号和交叉信号应注意一点：买入信号发生位置越低越有效，卖出信号发生位置越高越有效。

KDJ 在 20 左右（可略高于 20）或在 50 左右发生金叉时，往往是中短期底部。只有当 KDJ 有较明显底背离（股价创新低、KDJ 拒绝创新低）信号以及低位双交叉或多次交叉时，才可认为是中期底部（或次中级底部）来临。

（二）实战案例分析——杰瑞股份

2014 下半年的大盘可谓是牛市冲天，但有一些股票很奇葩，不涨反跌，杰瑞股份就是其中之一。但作者认为，若不幸买入这种股票，那真的只能怪自己了——指标系统已经给出了充分的暗示，让我们先看一下周 K 线图。

在图 6-12 中，做页岩气和海洋装备的杰瑞股份自上市以来至最高点已翻了 8 倍，但行情还会持续下去吗？还会继续上涨吗？我看够呛，这一张图的毛病已经够多的了：

（1）杰瑞股份经历过很长时期的快速上涨，本身就面临着回调。

（2）杰瑞股份与均线组的距离过远，存在着被均线拉回的态势，即乖离率修正。BIAS 是专门衡量乖离率的一个指标，但作者用得不多。为避免出现疏漏，只在章末的图形介绍中涉及，有兴趣的投资者可自行翻阅。

（3）在股价继续上冲创新高的途中，MACD 和 KDJ 两种指标同时出现顶背离；在黑线处同时出现死亡交叉。两种指标互相印证加强了顶部信号的可信度，投资者应逢高离场。

（4）在竖线左侧，支撑股价上行的趋势线是 30 日平均线，但很快被破位，说明行情已经反转。

（5）此后，价格两次反弹都被 60 日平均线压回，而且均线经缠绕已经转入空头排列，说明行情由空头主导，目前已不再具有买入的理由。

但问题是：跌势放缓、成交量放大，这符合逆时钟理论的第 8 条，认为跌势将尽，那么是否应该买入呢？

作者的建议跟第 8 条的名字相同——观望。原因很简单：虽说成交量说明跌势将尽，但不代表跌势真的就到头了。其他技术分析也没有给出什么见底信号，并不能说明行情将很快反转。等出现了其他明显信号再进场也不迟，至少

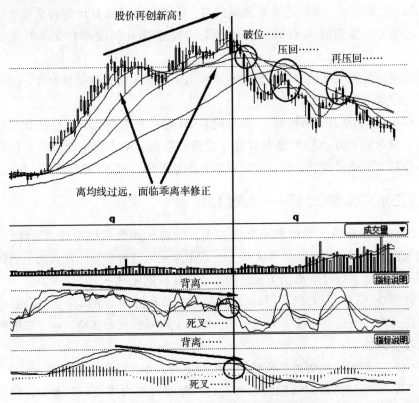

股价再创新高！

破位……

压回……

再压回……

离均线过远，面临乖离率修正

成交量 ▼

指标说明

背离……

死叉

指标说明

背离……

死叉

图 6-12 杰瑞股份 2012 年 9 月~2014 年 12 月周 K 线图

可以降低风险。再加上下跌放缓只是目测出来的，月 K 线并不支持这一点（参见后边的第 4 条）。因此，观望是最好的选择。此外，大盘持续走牛，杰瑞股份持续下跌；大盘临近调整，在大盘的压力下杰瑞股份是加速下跌还是顽强抵抗？这两者的差异是很大的。如出现后者，那见底企稳的可能性会大幅上升（大盘为什么临近调整，理由在本章最后一个案例的最后四个自然段中列出。这两个案例中，K 线图的结束时间完全相同）。

雪上加霜的是，在 2014 年 2~3 月（图 6-12 和图 6-13 的竖线时间相同，都是 2 月的起点）正当杰瑞股份周 K 线一团乱麻的时候，月 K 线同样出了大问题（见图 6-13）：

（1）MACD 和 KDJ 双双高位死叉，说明一段调整行情的到来。

（2）跌破 30 日平均线后，在此受到反压，说明均线正式由支撑转为压力。

（3）反弹过程当中，敏感的 KDJ 连金叉都打不出来，凸显行情的弱势。

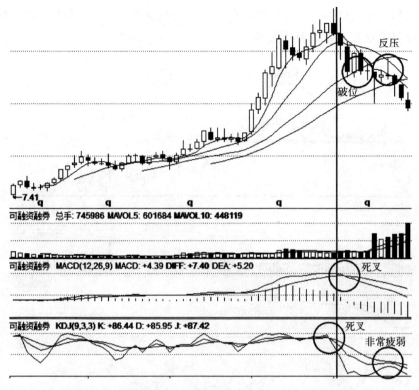

图6-13 杰瑞股份2010年2月~2014年12月月K线图

（4）MACD的绿柱没有缩短的态势，不能认为下跌趋势放缓。

（5）均线有转入空头排列的趋势，目前至少不是买入时机。

正因为月K线、周K线强大的压力，杰瑞股份才状态不佳。二者信号如此明显，作者认为都没必要去分析日K线图，因为那只会带来困扰。例如，图6-14中，杰瑞股份在两个月中上涨30%，看着挺美，而且MACD未见背离，说明上冲动能还未衰竭，再加上均线转为多头排列，理应在回调途中买入。但如果真的这么做了，结局要么是止损要么是套牢，二选一。在大盘走牛的时候，套牢是非常糟糕的事情，它会让你失去买入其他牛股的机会。而这个机会损失是难以估量的。

为什么会变成这样？还是违背了长线护短原则。事实上，这个头肩顶的位置就是图6-13中"反压"的圆圈处，也是图6-12中"再压回"的圆圈处。周K线和月K线的看空信号已经这么明确了，真不应该熟视无睹。而且这30%的反弹看似强烈，但在月K线图上KDJ连个金叉都打不出来，在周K线图上也只是一次反抽，均线组依旧向下，无力改变大方向。这只是一次骗线而已，而且是很容易被识破的那种。

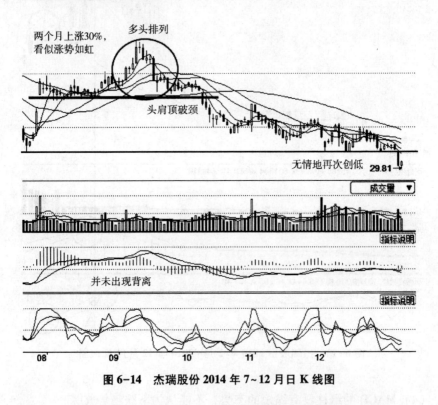

图 6-14　杰瑞股份 2014 年 7~12 月日 K 线图

第五节　布林带实战案例分析——蓝色光标

（一）图形介绍——布林带（BOLL）

作者早在第二章就介绍过布林带，让我们再来回忆一遍：布林带是由一条移动平均线（中轨）、一条上轨、一条下轨组成的，其应用法则如下：

（1）布林线的上、中、下轨均对价格产生支撑或压力作用。

（2）当价格处于中轨以上运行时，是强势趋势；处于中轨以下运行时，是弱势趋势。

（3）当价格贴着上下轨持续运行时，说明行情非常强势（弱势），应认为价格在突破中轨之前都会一直强势（弱势）下去。

（4）当价格触及或突破上、下轨随即被打回，意味着行情陷入超买（超卖），有回调的趋势。因而会受到压力或支撑而改变当前的运行方向，价格逐步向中线靠拢。

（5）当波带开口逐渐收窄时，预示价格将在今后一段时间进入盘整期，但收窄时间过长或缩口过小反而是调整临近尾声、变盘在即的信号；反之，当波带开口放大时，预示着价格将在今后一段时间出现比较剧烈的波动；但开口时间过长，或开口幅度太大反而是行情陷入调整的信号。此时可以根据波带开口的上下方向，确定未来价格波动的主要趋势。

例如，图 6-15 中，沪深 300 指数在 2006~2007 年持续紧贴布林带上轨运行，布林带持续张口，说明指数将持续强劲，在布林带内一直这么上扬下去；但在 2007 年底跌破布林带中轨之后，行情紧贴布林带下轨运行，布林带持续向下开口，说明行情将沿着布林带一直这么弱势下去。2008 年底，在突破布林带中轨的压力后，行情再度转强。这就是用布林带衡量趋势的一种思路。

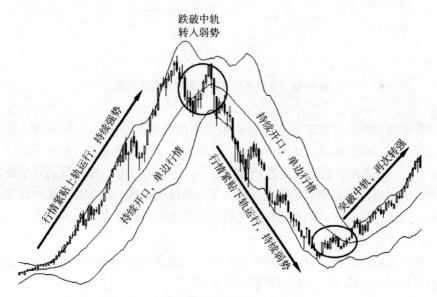

图 6-15　依据布林带判断沪深 300 指数的方向

又如，图 6-16 也可以根据布林带来判断黄金的中长期走势。投资跟品人一样，有各种各样的性格。沪深 300 指数在强势运行中紧贴布林带上轨，黄金就含蓄一些，碰到布林带上轨就回落到中轨寻求支撑，之后再度上扬。每次上冲、调整都出现了开口和缩口的交替。

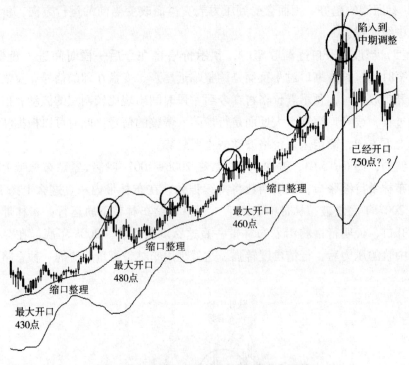

陷入到
中期调整

已经开口
750点？？

缩口整理

最大开口
460点

缩口整理

最大开口
480点

缩口整理

最大开口
430点

图6-16　依据布林带开口判断黄金大调整

　　需要注意的是：之前三次开口的最大值都在400～500点。但最后一次行情太过热烈，至黑线处已达到760点，说明黄金被严重超买了。在图形介绍第5条中，开口过大也是陷入调整的信号之一。什么是过大？过大就是异乎寻常的大，远远超过了它平常的幅度，陷入了一种极端走势，这本身就是一种警示信号。加上行情再次碰到了布林带上轨，这都说明回调在即，也为作者当时的操作提供了部分依据。

　　调整意味着回落。但金价在回落的过程中两度跌破布林带中轨，说明之前强烈的行情告一段落，这就需要引起谨慎了。

　　图6-17是图6-16的后续，可以看出，金价在围绕着中轨的整理震荡中没能坚守阵地，最终破位向下，沿着布林带下轨运行了好一阵子，陷入到了熊市当中。在反弹过程中，布林带中轨再次精确地发挥其压力位的功能，阻碍黄金价格进一步上升。

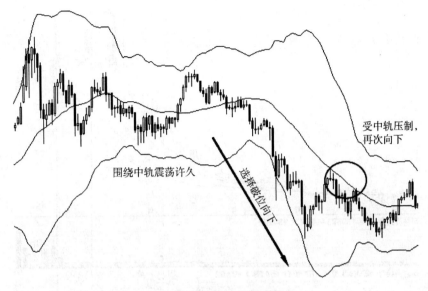

图 6-17 黄金之后的走势

但需要注意的是，在图末，黄金已经上破周布林带中轨。虽说目前还不是买入的时机，但已经不能强烈看空了。

（二）实战案例分析——蓝色光标

跟杰瑞股份一样，蓝色光标同样在大盘走牛的时候走熊，让我们先看一下月 K 线。添加黑色竖线的目的是让投资者清晰地看出来指标的金叉死叉到底对应着哪根 K 线，避免看错列。为了不遮盖住影线，本书中的竖线都取在两根 K 线之间。在图 6-18 中，蓝色光标在很长时间之内贴着布林带上轨运行，说明这是一段稳定且持久的上升趋势，有望成为中长线大白马。但在第一条黑色竖线处，一根大阳线强势上冲，阶段涨幅达 50%，但 KDJ 连一个像样的金叉都打不出来，已经说明多头乏力，此时不应过分追涨（当时的日 K 线图相当强势，但如果只观察日 K 线忽视月 K 线的话会像杰瑞股份那样再次掉入多头陷阱当中）。况且，价格从沿着布林带上涨变为触及布林带随即被打回、难以超越，这已经是行情开始转弱的前期信号了。很快，MACD 就出现了死叉，预示着在将来若干月份之内行情都将弱势。再加上第二条黑色竖线处，月布林带中轨被击穿，说明这一段强势行情告一段落。可见，月 K 线已经给未来很长时间定性了，那就是长期调整。

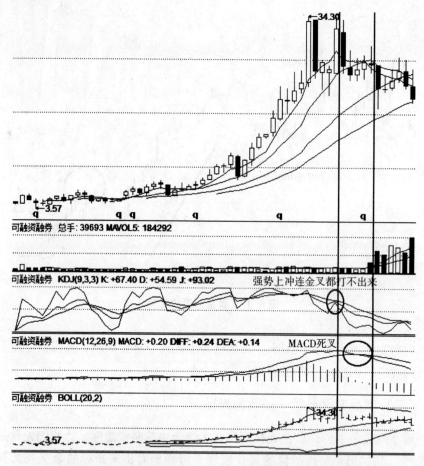

图6-18 蓝色光标 2010 年 2 月~2014 年 12 月月 K 线图

进一步地，让我们来看看周 K 线图。在 3 倍涨幅的强势上冲前，布林带高度缩口，预示着变盘的到来。随即，行情依托着 5 周平均线持续向上，呈现出紧贴布林带的运行模式，说明行情持续走强，在跌破中轨之前都将会一直强势下去。就这样，连续上涨了一年，最终在方框处整根 K 线都飞到了布林带之外，这是一个强烈的超买信号，预示着行情将陷入调整。

但在调整途中，价格跌破了布林带中轨，说明像以前那样强势的上扬行情告一段落，随即转入到震荡整理当中。随着图 6-18 中月 K 线看空信号的出现，行情跌破 60 周平均线并被压回，说明均线开始由支撑变为压力。再加上有陷入空头排列的迹象，投资者还是小心为上。

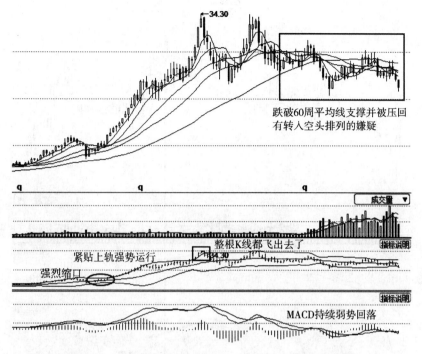

跌破60周平均线支撑并被压回
有转入空头排列的嫌疑

整根K线都飞出去了

紧贴上轨强势运行

强烈缩口

MACD持续弱势回落

图6-19　蓝色光标 2012 年 6 月~2014 年 12 月周 K 线图

　　既然月 K 线、周 K 线都已经清晰地定位了，那还应当过分追涨吗？相反，任何的买入操作都只能定性为抢反弹，日线稍见风吹草动就是卖出时机，不应过分留恋。具体如图 6-20 所示，日 K 线中指标已经给出了精确的卖出点：

　　（1）MACD 每次金叉都会创出指标的新高，但黑色竖线之前 MACD 金叉却马上死叉，未能创出新高，而且双线滑翔向下，说明弱势即将到来。

　　（2）虽然没有出现顶背离，但 KDJ 持续走弱，应伺机卖出。

　　（3）目前弱势已定，不应认为价格会沿着布林带上轨持续上扬。那么，价格一旦触及布林带上轨就是很好的卖出时机，不应留恋。

　　（4）就算错过了这一卖点，也应果断卖出，不应贪图反弹。毕竟周 K 线、月 K 线已经定调，这只是一次反弹而已。既然只是反弹，反弹动能一旦耗尽将回到持久的阴跌当中。因此，出场要果断。

　　很快，反弹就被尽数回吐。

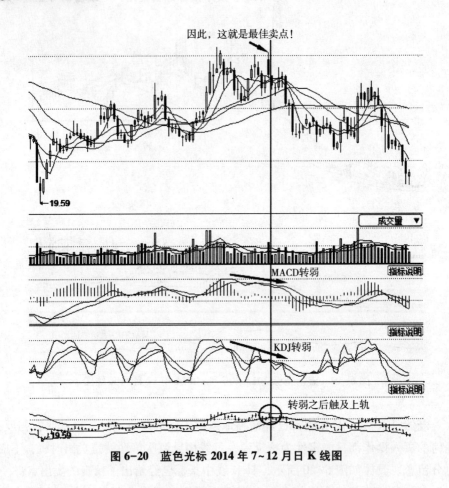

因此，这就是最佳卖点！

MACD转弱

KDJ转弱

转弱之后触及上轨

图 6-20　蓝色光标 2014 年 7~12 月日 K 线图

第六节　指标钝化实战案例分析——富临运业

KDJ、RSI 之类的摆动指标都存在着一个波动的上下界，也就是波动始终在 0~100 这个区间范围内。因公式的计算方式，它们永远跳不出这个区间。但这带来了一个致命的问题——钝化，即当价格持续强势（弱势）的时候 KDJ、RSI 可能会持续在上限附近纠缠，金叉死叉失去了其本身的意义。

例如，图 6-21 中 KDJ 就出现了高位钝化：三条线持续纠结在 80 左右的位置，当中打出金叉死叉无数，但行情对此毫不理会，依旧持续上扬。这时，KDJ 死叉卖出就会出问题，而且会错误地发出背离信号——价格持续创新高，

KDJ 未创新高，但并不是上冲动能不足。反之，正是因为上升行情太强烈了，KDJ 钝化了，才不能再创新高，出现类似背离的图形。

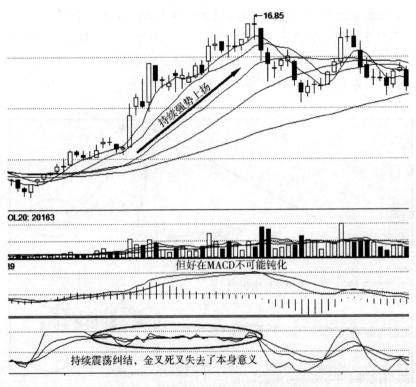

图 6-21　富临运业日线图中 KDJ 的钝化

　　作者的建议是，先忽略掉 KDJ 吧。MACD 可没有 0～100 的波动限制，是永远不可能钝化的，为什么不用它来分析行情呢？在这段强势上冲当中，MACD 从未打出过死叉，也没出现过背离。在调整开始时，迅速出现死亡交叉，暗示着卖出，发出了更加准确的信号。

　　可见，钝化并不可怕，忽略掉它、转而运用其他技术指标就能轻松化解。

第七节　上证指数熊转牛综合分析

　　关于 2014 年上证指数的熊转牛，作者在第一章第三节中做过简单介绍，

但实际分析起来没有那么简单；在第四章第三节中曾说过有足够多的证据显示
C浪不会低于A浪，但到底为什么？因为章节限制没有展开。

　　但到了这一章节，当时用于分析上证指数的全部方法都已经被一一介绍过
了，可以在此把分析的全过程完完整整地展现出来，以便读者举一反三。这段
内容曾出现在《股票投资技术分析（第3版）》中，当作者撰稿时上证指数还
没现在这么疯狂——这几个月的走势恰恰印证了作者分析的正确性。

　　下面，让我们进入到案例中来。根据长线护短的原则，首先来看季K线图。

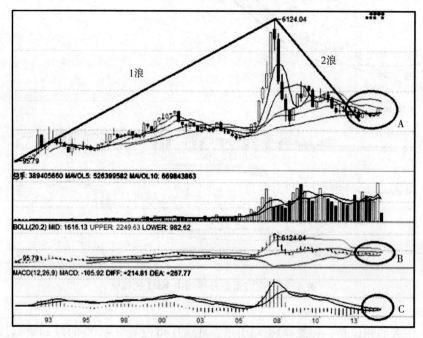

图6-22　上证指数1990~2014年季K线图

　　在图6-22中，我们可以清晰地看出：从最大级别上看，自1990年上海证
券交易所成立以来至2007年的6124点是第一大浪，2007~2014年是第二大
浪，在针对第一浪进行调整。根据波浪理论，如果第2浪结束，理应进入到第
3浪主升浪当中，届时涨势将更为强劲。

　　但问题是第2大浪结束了吗？熊市已经7年了，是否会继续延续下去，还
是已经结束？要回答这个问题，需要结合其他的分析方法。

　　首先在C处，MACD出现金叉。图中季线级别的金叉只出现过几次，分

别是：第一次在 1991 年 9 月，之后大盘从 200 点上涨到 1992 年的 1429 点；第二次在 1996 年 12 月，之后大盘从 852 点上涨到 2245 点；第三次在 2006 年 9 月，之后开启了最著名的一轮大牛市，从金叉时的 1541 点上涨到了 6124 点；而第四次金叉就是现在。可见，MACD 在季线的每一次金叉之后都出现了少则翻倍多则翻数倍的大牛市行情。从这一点就可以怀疑牛市行情即将展开。在 B 处，布林带高度缩口，预示着整理到位、大行情将要展开。A 处的季 K 线受到 60 季长期均线的支撑并开始上扬。这些都在配合 MACD 的金叉，增加了金叉的可信度。

虽然从季 K 线上能够看出大级别的行情变动，但季 K 线的每一根 K 线都须经过 3 个月的时间才能形成，其速度太慢，在时间、点位上都不够精确。要想把握住当前的趋势，还需要进一步的细化。因此，让我们缩小一个层级，看看月 K 线的情况。

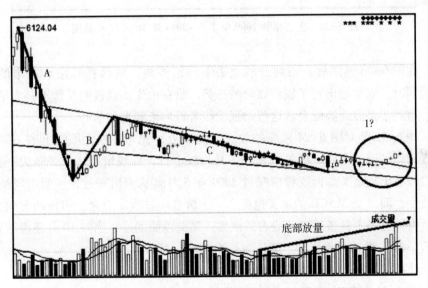

图 6-23　上证指数 2007 年 9 月~2014 年 10 月月 K 线图

在波浪理论中，第 2 大浪属于调整浪，应该包括 3 个小一级别的中浪。在图 6-23 中就可以清晰地划分出 A、B、C 这 3 个中浪。虽然 A、B、C 的调整浪潮可能出现不标准的形态，但 C 浪并没有继 A 浪之后创出新低，实属不妥。这是因为 C 浪没有走完，还是因 C 浪下跌幅度太弱以至于无力破底？如果是前者，熊市还将持续；如果是后者，C 浪的疲弱预示着将来牛市的强劲。C 中浪包括 5 个小浪，让我们对 C 浪进一步拆分。如图 6-24 所示，从 5 个小浪可以看出：C 中浪是一个楔形浪。楔形浪的特点是每一个小浪都是由 3 个微浪构成，其波动区间由下降趋势线和下降轨道线框定。两条线逐渐接近，波动范围逐渐收窄，将在第 5 个小浪之后产生突破，进而结束这一浪。楔形浪通常出现在一段行情的末尾，是唯一一种允许 1 浪和 4 浪重叠的波浪。

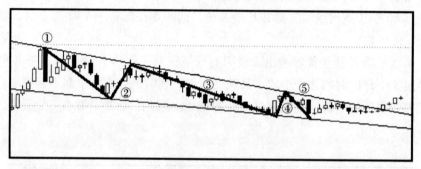

图 6-24　上证指数 2009 年 2 月~2014 年 10 月月 K 线图

在图 6-23 圆圈处，指数已然上破下降趋势线，预示着 C 浪和熊市的结束。同时，成交量出现了底部放量的态势。量在价先，这说明反转上破力量强劲，得到了多方强势配合。这些加强了作者对牛市到来的信心。

图 6-25 是对图 6-24 末端的放大。在 A 处，先是一根大阳线上破下降趋势线和均线组，之后三根 K 线依托 5 月均线上行，均线组也从水平转为上扬，而且即将出现金叉。而这种情况自 2009 年 8 月就从未出现过，说明市场结构的改变。而 B 处 MACD 的金叉也配合了上破这一过程。总之，市场的方向感、波动特性已经不具备熊市所应有的性质。需要说明的是，当时 10 月还没结束，最后一根 K 线还未收线，不能认为是缩量。

让我们进一步观察周 K 线的情况。

图 6-26 显示的是 2013 年 1 月到 2014 年 10 月上证指数周 K 线情况，图 6-27 显示的是 2005 年 2 月到 2006 年 3 月的上证指数周 K 线情况。技术分析的根基在于三大假设，其中就包含"历史会重演"这一条。图 6-26 和图 6-27 高度相似，其 A、B、C、D、E 点都可以一一对应上。图 6-27 在 E 点之后是 2006~2007 年的一飞冲天。虽然作者不敢肯定之后的大盘也会如此疯狂，但底部已经是证据确凿。从市场结构上，蓝筹股已经止跌筑底、大量股票企稳反弹，甚至出现不少翻倍股。很多个股市盈率跌破 10 倍，破净股、低价股遍

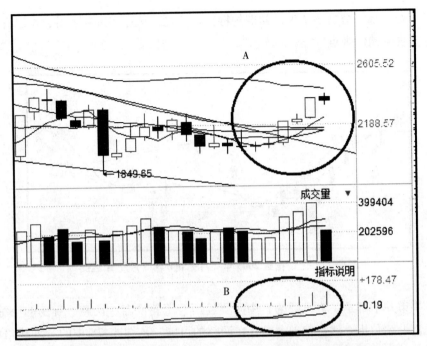

图 6-25　上证指数 2012 年 12 月~2014 年 10 月月 K 线图

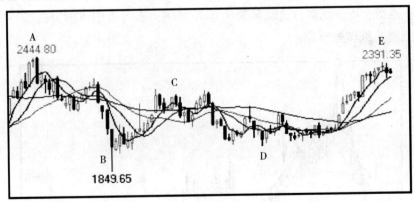

图 6-26　上证指数 2013 年 1 月~2014 年 10 月周 K 线图

地都是。同时，在 2014 上半年（见图 6-26 的 D 处）市场情绪极度悲观，破底之声四起，甚至不乏跌破 1664 点的言论，大盘却始终未创新低；而在 E 处反弹了 20%，市场的看涨之声寥寥无几，投资者依旧沉浸在熊市的寂静中，市场情绪较为极端。可见，无论从个股表现、市场情绪上，还是从大盘中长期技术面看，都完全具备了牛市初期的特征。总之，从这些迹象上看，可以完全肯定熊去牛来的观点。

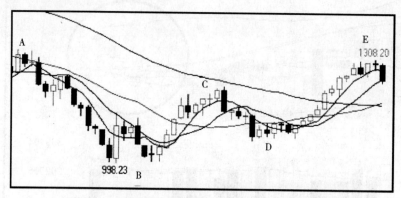

图 6-27　上证指数 2005 年 2 月~2006 年 3 月周 K 线图

　　牛市并不都是一帆风顺的，中间要经历若干轮洗盘、调整、震荡的历练。当我们继续分析，就会发现大盘存在调整的可能。从图 6-28 中的三均线角度看，当时的沪深 300 指数在 F 点下方运行了 206 点、上方运行了 209 点。从这一点上可以认为，该上升行情将告一段落，并迎来一个调整周期。但调整会到哪里？点数会不会很多？这就需要从日 K 线图上进行更细致的分析了，先让我们把周 K 线图分析完。

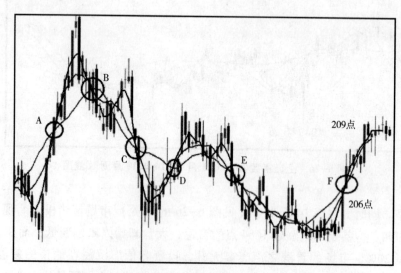

图 6-28　沪深 300 指数 2012 年 10 月~2014 年 10 月周 K 线图

图 6-29 中还能看到其他信号：行情上破了下降趋势线 L_3、双底颈线 L_2，但没有进行过回抽确认，上方正受到阻力线 L_1 的压制。A 处均线组已呈现出明显的多头排列，但 K 线与中长期均线距离偏大，受到均线的引力，有回调的可能。从 K 线排列上看，也有要回档的趋势。在 B 处，KDJ 高位钝化死叉，预示着回档。上述都是行情要展开调整的征兆。不过还要谨记：从月 K 线、季 K 线上牛市大基调已定，就算调整也不会影响大势的方向。

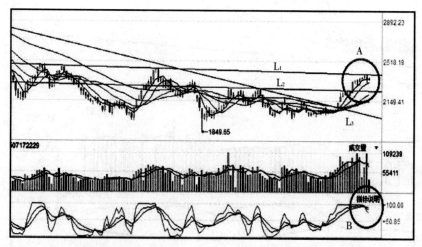

图 6-29　上证指数 2012 年 2 月~2014 年 10 月周 K 线图

接下来，把观察层级进一步缩小。从日 K 线上看，图 6-30 中大盘已经虚破 3 个月来的上升趋势线 L_1，同时 A 处的 MACD 指标连续顶背离，预示着上升动力不足。一旦确认下破 L_1，回档将正式展开，这将是对前期颈线 L_2 的回抽确认。可见，这轮回调不宜下破 L_2，否则会影响到上升的力度。

当运用历史进行参考，就会发现 MACD 连续顶背离，指数依旧上升的情况最近一次出现在 2009 年，即 1664 点到 3470 点那一波的大行情中，而最近 5 年的熊市中再没出现。图 6-31 就是当时的日 K 线图。在经历 A 处的指标背离之后，仅仅在 B 处象征性地调整了几个交易日，指数就继续向上。反观当下，会不会也出现类似的情况？即将到来的回调是否只是蜻蜓点水？正是基于历史会重演这一条，作者认为，就算调整展开，幅度也可能有限。因此，当大盘回调几十个点后出现止跌信号即可入场，也可以在强势上破图 6-30 的 L_1 处适当追入。未来的利润将是可观的。

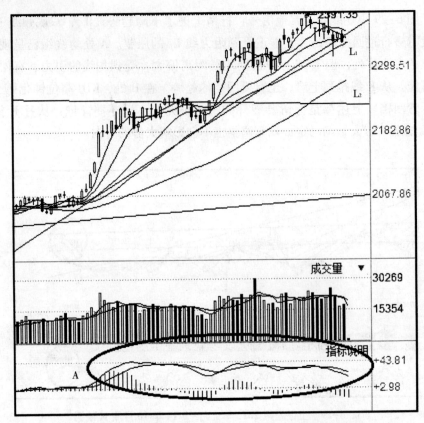

图 6-30　上证指数 2014 年 7 月 1 日~10 月 12 日日 K 线图

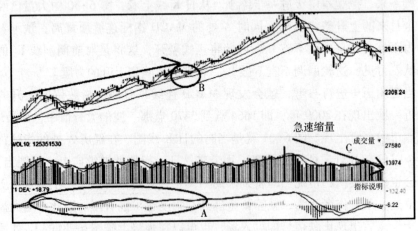

图 6-31　上证指数 2009 年 1 月 12 日~9 月 30 日日 K 线图

事后，上证指数确实调整了，也确实只是个蜻蜓点水，这在第二章第六节中已得到证实。

最后的一个问题就是选股。在牛市初期，市场情绪相对悲观，不宜炒作估值过高、涨幅过大的股票。相反，估值较低、前期调整充分，又具备一定题材可供炒作的个股将是反弹的龙头。例如，太钢不锈（见图6-32），从2007年的21.76元经历一系列的下跌，最低跌至2.27元，跌幅接近90%，调整十分充分。当时的每股净资产为4.36元，破净严重。这时，如果反弹10%到4元以上，那就是翻倍的行情。如果价格能反弹到前期高点，那就是翻10倍的机会。这种涨幅相对于已处在高位的股票来说会容易很多。从题材上，太钢不锈具备着特钢、核电核能的属性，为炒作提供了依据。从技术面上，在图6-33中A处突破双底颈线，随后价格飞涨，在3个涨停后达到了4.75元，实现了迅速翻倍的行情，作者曾在恰当的时机介入过该股，获得了不小的收益。该股的具体出场点曾在第二章第七节中介绍过，有兴趣的投资者可以再翻回去看看。当然，那时候这只股票涨幅过大，需要一定的回调才能再次介入，具体操作也在第四章第二节中介绍过。当前类似个股还有很多，不妨换入其他具有翻倍潜力的股票，以获取更大的收益。总之，牛市初期同样具有翻倍的机会，值得好好把握。

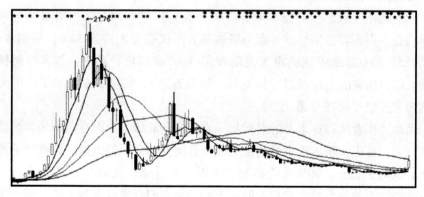

图6-32　太钢不锈 2006 年 4 月~2014 年 10 月月 K 线图

对于本章的分析思路希望投资者能有所体会，并加以借鉴。对于当前形式的分析，可以具体总结如下：

（1）从指标、指数、市场结构、市场情绪方面，表明熊市结束，进入牛

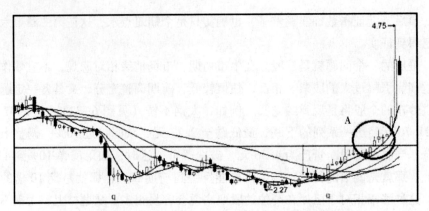

图 6-33 太钢不锈 2013 年 1 月~2014 年 10 月周 K 线图

市初级阶段。

（2）大盘正面临调整，幅度不会太深，强势上破 2450 点或回调止跌都是入场时机。

（3）在牛市初期的选股上，尽量选择调整十分充分、有一定题材的破净股。这类股票安全系数高、具有一定的炒作空间，稍作反弹即可带来大量利润（如从 12 元跌到 2 元，稍微反弹个 20% 到 4 元，那就是翻倍）。从具体时点上，可在技术图形向上突破时介入。

以上就是《股票投资技术分析（第 3 版）》中的内容，当时真是个赚钱的好机会。在作者撰稿后，大盘小幅调整并再次强势上冲了 35%，如图 6-34 所示（5? 的意思是不能确定 5 浪是否完结）。在板块轮动中，作者先是抓住了光大银行快速的上冲机遇（详见第一章第五节），回过头来又炒了一下太钢不锈的末升浪（第四章第二节）。

然而，作者撰写这本书的时候却一直在空仓观望，原因在图中很容易就可以看出来。首先，映入眼帘的就是上证指数屡创新高，但表面的歌舞升平掩盖的却是哀鸿遍野——90% 的股票都在下跌。为什么？很简单，只有银行、建筑、券商、石油等少量大盘权重股在上冲，是它们在带动指数上涨，但大多数中小盘股不在大盘中占据一席之地，它们的下跌没有被显示出来。这往往是上升行情要出问题的标志。

除此之外，还能看出以下问题：

（1）股指距离中长期均线过远，有乖离率修正的风险（葛兰威尔的第四卖出点）。

（2）价量关系背离，这是大盘转跌前的经典动作。

（3）MACD高位死叉且有顶背离的风险，这同样是一个卖出信号。

（4）从波浪上看，目前已进入到了末升浪，图中问号的含义是不确定何时结束。虽说有可能再创新高，但目前的风险已经很大，实在没有必要去接这最后一棒。就在作者即将截稿时，2015年1月16日上证出现了一日暴跌8%的走势，超过200只个股跌停。

好在从周K线、月K线上看，并没有任何走坏的迹象（这两张图走得很慢，因此与前述分析差异不是太大，不必另做分析）。因此，等到调整到位之后还是可以进场做多的。这个时候一定冷静，不要被市场火热的情绪所左右。作者经常会想：我还能活个好几十年，没必要计较这一时得失，保住本金机会还多得是。因此，作者完全没有参与到这一个月"满仓踏空、满仓套牢、把熊市赚的钱到牛市赔回来"的悲惨世界中（引号中是当前股市中最流行的几句话，与行情非常贴切）。

希望若干年后在此书的第二版中，作者能与你们分享更多的赚钱经验。

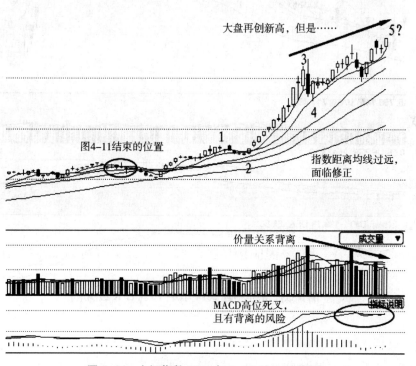

图6-34　上证指数2014年9~12月日K线图

➡ 本章习题

沪港通开启后，投资者可以无障碍地买卖港股。就让我们看一个恒生指数（港股大盘）的图。在图6-35的暴跌之前，价格就已经触及周K线上的上升通道上轨了。不过，日K线图也给出了明显的信号，请问它在哪里呢？参考答案见书后。

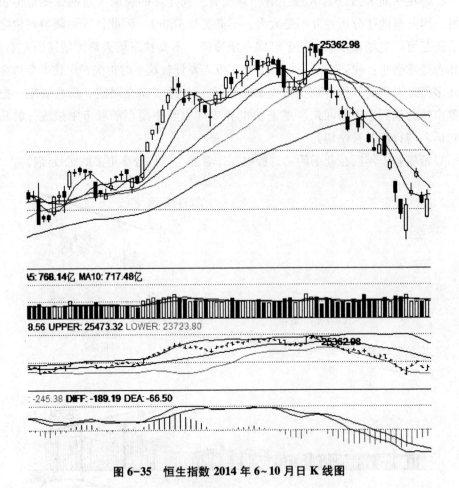

图6-35　恒生指数2014年6~10月日K线图

附4：章末图形介绍

（一）乖离率（BIAS）

1. BIAS 原理与计算

乖离率是表示当前股价偏离移动平均线程度的指标。当日收盘价减移动平均线之差与移动平均线的比值，即是乖离率。公式如下：

乖离率=（当日收盘价-某周期移动平均线)/某周期移动平均线×100%

如用 C 表示当日收盘价，MA_n 表示 n 日移动平均线，则公式为：

$$BIAS_n=(C-MA_n)/MA_n×100\%$$

2. BIAS 的特性

由公式可知，乖离率也是有不同周期的，如对应于 5 日移动平均线的 5 日乖离率，相对于 10 日移动平均线的 10 日乖离率等。

公式中当日收盘价减移动平均线之差决定乖离率的正负符号。当日收盘价在移动平均线之上，即 $C>MA_n$，乖离率为正值；当日收盘价在移动平均线之下，即 $C<MA_n$，乖离率为负值。

乖离率数值标在以时间为横轴、以乖离率为纵轴的平面直角坐标上，连接成乖离率曲线即可进行图形研究。

乖离率没有固定的数值界限，其数值围绕 0 值上下摆动，属摆动指标。某特定市场的特定时期某股票乖离率有一个常态分布范围，这个常态区间随时期不同会有一定改变。

3. BIAS 的应用法则

（1）从 BIAS 的取值大小和正负考虑。一般来说，正的乖离率越大，表示短期多头的获利越大，获利回吐的可能性越高；负的乖离率越大，则空头回补的可能性也越高。在实际应用中，一般预设一个正数或负数，只要 BIAS 超过这个正数，我们就应该感到危险而考虑抛出；只要 BIAS 低于这个负数，我们就感到机会可能来了而考虑买入。问题的关键是找到这个正数或负数，其是采取行动与静观的分界线。这条分界线与三个因素有关，即 BIAS 参数、所选择股票的性质以及分析时所处的时期。

一般来说，指标周期或市值越大，股票越活跃，选择的分界线也越大。但乖离率达到何种程度为正确的买入点或卖出点，目前并无统一的标准，投资者可凭经验和对行情强弱的判断得出综合的结论。

参考有关书籍，表6-1给出这些分界线的参考数字。投资者在应用时应根据具体情况对它们进行适当的调整。

表6-1　BIAS的应用

	买入信号（%）	卖出信号（%）
5日	-3	3.5
10日	-4.5	5
20日	-7	8
60日	-10	10

从表6-1中的数字可看出，正数和负数的选择不是对称的，正数的绝对值偏大是进行分界线选择的一般规律。

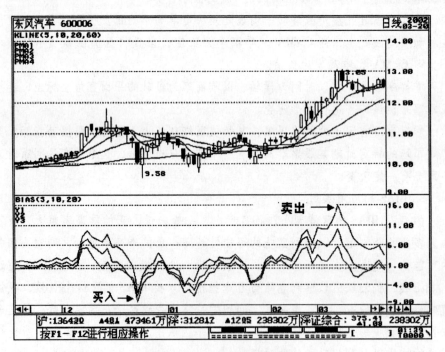

图6-36　BIAS的实战应用图

据有关人员的经验总结，如果遇到由于突发的利多或利空消息而产生股价暴涨暴跌的情况时，可以参考如下的数据分界线：

对于综合指数：BIAS（10）>30%为抛出时机，BIAS（10）<-10%为买入时机；

对于个股：BIAS（10）>35%为抛出时机，BIAS（10）<-15%为买入时机。

（2）从 BIAS 的曲线形状方面考虑。形态学和切线理论在 BIAS 上也可以适用，主要是顶背离和底背离的原理。

（3）从两条 BIAS 线结合方面考虑。当短期 BIAS 在高位下穿长期 BIAS 时，是卖出信号；短期 BIAS 在低位上穿长期 BIAS 时是买入信号。

（二）相对强弱指标（RSI）

1. RSI 原理与计算

RSI（Relative Strength lndex）指标是与 KDJ 齐名的常用技术指标。RSI 以一特定时期内股价的变动情况推测价格未来的变动方向，并根据股价涨跌幅度显示市场的强弱。

RSI 通常采用某一时期（n 天）内收盘指数的结果作为计算对象，来反映这一时期内多空力量的强弱对比。RSI 将 n 日内每日收盘价或收盘指数涨数（当日收盘价或指数高于前日收盘价或指数）的总和作为买方总力量 A，而将 n 日内每日收盘价或收盘指数跌数（当日收盘价或指数低于前日收盘价或指数）的总和作为卖方总力量 B。

先找出包括当日在内的连续 n+1 日的收盘价，用每日的收盘价减去上一日的收盘价，可得到 n 个数字。这 n 个数字中有正有负。

A=n 个数字中正数之和

B=n 个数字中负数之和×（-1）

$$RSI_{(n)} = \frac{A}{A+B} \times 100$$

A 表示 n 日中股价向上波动的大小；B 表示 n 日中股价向下波动的大小；A+B 表示股价总的波动大小。RSI 实际上表示股价向上波动的幅度占总波动的百分比。如果比例大就是强市，否则就是弱市。

2. RSI 的应用法则

RSI 数值固定在 0~100，属摆动指标。市场不同时期 RSI 数值有不同的常态分布区。

(1) 根据 RSI 取值的大小判断行情。将 100 分成 4 个区域，根据 RSI 的取值落入的区域进行操作。划分区域的方法如表 6-2 所示。

表 6-2

RSI 值	市场特征	投资操作
80~100	极强	卖出
50~79	强	买入
20~49	弱	卖出
0~19	极弱	买入

"极强"与"强"的分界线和"极弱"与"弱"的分界线是不明确的，它们实际上是一个区域，比如，也可以取 30、70 或者 15、85。应该说明的是，分界线位置的确定与 RSI 的参数和选择的股票有关。一般而言，参数或市值越大，分界线离 50 越近；股票越活跃，RSI 所能达到的高度越高，分界线离 50 应该越远。

(2) 两条或多条 RSI 曲线的联合使用。我们称参数小的 RSI 为短期 RSI，参数大的 RSI 为长期 RSI。两条或多条 RSI 曲线的联合使用法则与两条均线的使用法则相同。即：

短期 RSI>长期 RSI，应属多头市场；短期 RSI<长期 RSI，则属空头市场。

当然，这两条只是参考，不能完全照此操作。

(3) 从 RSI 的曲线形状判断行情。当 RSI 在较高或较低的位置形成头肩形和多重顶（底），是采取行动的信号。这些形态一定要出现在较高位置和较低位置，离 50 越远，结论越可靠。

另外，也可以利用 RSI 上升和下降的轨迹画趋势线，此时，起支撑线和压力线作用的切线理论同样适用。

(4) 从 RSI 与股价的背离方面判断行情。RSI 处于高位，并形成一峰比一峰低的两个峰，而此时，股价却对应的是一峰比一峰高，这叫顶背离，是比较强烈的卖出信号；与此相反的是底背离，RSI 在低位形成两个底部抬高的谷底，而股价还在下降，是可以买入的信号。见图 6-37 RSI 实战应用案例。

（三）能量潮（OBV）

OBV 的英文全称是 On Balance Volume，即"平衡交易量"，人们更多地称

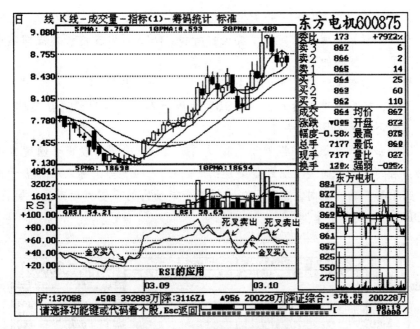

图6-37 RSI的实战应用图

其为能量潮，它是 Granvile 在 20 世纪 60 年代提出来的。该指标的理论基础是市场价格的有效变动必须有成交量配合，量是价的先行指标。利用 OBV 可以验证当前股价走势的可靠性，并可以得到趋势可能反转的信号。比起单独使用成交量来，OBV 看得更清楚。

（1）OBV 的计算公式。假设已经知道了上一个交易日的 OBV，则：

今日 OBV = 昨日 OBV + sgn × 今天的成交量

其中，sgn 是符号函数，其数值由下式决定：

sgn = +1 今日收盘价 ≥ 昨日收盘价

sgn = −1 今日收盘价 < 昨日收盘价

这里的成交量指的是成交股票的手数，不是成交金额。sgn = +1 时，其成交量计入多方的能量；sgn = −1 时，其成交量计入空方的能量。

计算 OBV 时的初始值可自行确定，一般用第一日的成交量代替。

（2）OBV 的应用法则和注意事项：

第一，OBV 不能单独使用，必须与股价曲线结合使用才能发挥作用。

第二，OBV 曲线的变化对当前股价变化趋势的确认：当股价上升（下降），而 OBV 也相应地上升（下降），则可确认当前的上升（下降）趋势；当股价上升（下降），但 OBV 并未相应地上升（下降），出现背离现象，则对目前上升（下降）趋势的认定程度要大打折扣。OBV 可以提前告诉我们趋势的后劲不足，有反转的可能。

第三，形态学和切线理论的内容也同样适用于 OBV 曲线。

第四，在股价进入盘整区后，OBV 曲线会率先显露出脱离盘整的信号，向上或向下突破，且成功率较大。

OBV 线是预测股市短期波动的重要判断指标，能帮助投资者确定股市突破盘局后的发展方向是上涨还是下跌；而且 OBV 的走势，可以局部显示出市场内部主要资金的流向，有利于告示投资者市场内的多空力量对比。见图 6-38 OBV 的实战运用案例。

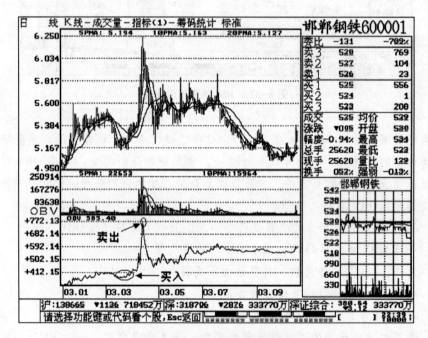

图 6-38　OBV 的实战运用图

第七章 历史图形综合运用——让我们以史为鉴

第一节 上证指数见证历史会重演

在技术分析的三大假设中，作者一直很喜欢"历史会重演"这一条。每一次的泡沫破灭、每一次的牛熊更替都能看到它的影子。其实不只是股市，就连行业的兴衰、朝代的更迭、物种的进化都有这样的特征。因此，历史才有了更大的用武之地，这一门学科才得到了更多的重视。在民国时期，毛泽东巧妙地借鉴了二十四史和各类兵法打了一个又一个的大胜仗，这就是运用历史、以史为鉴、历史会重演的典范。

那么，我们可以在技术图表中看到哪些重演的历史呢？例如，在第六章第七节中，我们已经运用了这一点，下面来复习一下：

在图7-1中，上证指数在2005年的一系列阴跌之后出现了一个双底形态，随后就是一飞冲天达到6000点的大牛市行情。那么，当2013年重新看到了一张这么相似的图形：都是在好几年的熊市阴跌末期，都是一个双底的图形，就连A、B、C、D、E五个关键点都能够一一对应上。那么，历史是否会再次重演呢？宛如"照镜子"的行情是否会重演下去呢？很有可能。因此，作者就部分参照了历史，成功地推断出了后来的走势。

其实，这种思想在技术分析中相当广泛。例如，头肩顶历来都是顶部信号，一旦击穿颈线就会有一倍形态高度的跌幅。当我们投资的时候再看到头肩顶破颈的图形也认为它将来会下跌——这就是用历史上经常发生的事情来预测未来。波浪理论也是用以前的8浪推演来判断当前的行情位置、未来的演变方向，同样也是认定历史会像以前那样重演下去。就连天气预报、经济预测、灾害预测也是在充分运用历史资料的前提下推断未来。从广义上说，大多数与统

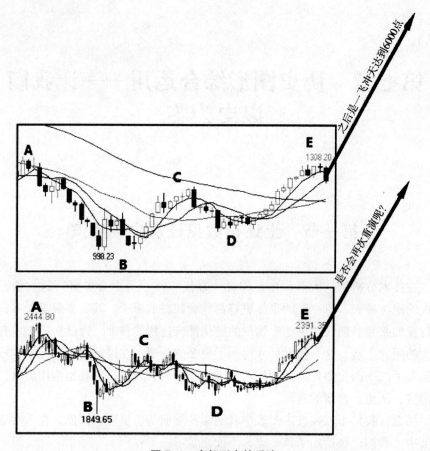

图 7-1 底部形态的重演

计相关的、与历史相关的科学都在假定着历史会重演。

历史会重演，但不是简简单单的重复。例如，波浪理论中也有各种各样的非标准浪、形态学里也有恼人的假突破。像图 7-1 中这么相似的两段走势也不可能完全相同。历史会重演，只是以史为鉴地给我们提供一个判断的参考，并不能完全照搬。因此，并不能简简单单地用一张图就认为行情会冲上 6000点、8000 点，完全复制历史什么的。正确的做法是对未来行情保持乐观，但能重演到哪个位置、能冲到哪里还需走一步看一步、不断探索。

又如，碰到某些看不太懂的行情时作者也会向历史求助，就是去看看有没有过类似的图形。

还是上一章第七节，出现过一种如图 7-2 的奇怪走势：

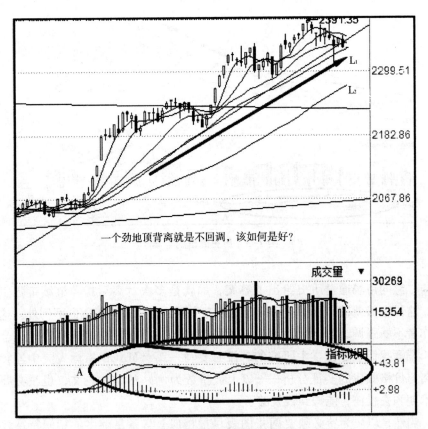

图7-2 MACD 背离失效，这预示着什么

　　MACD 连续背离，但行情却不断创新高，这该如何是好？未来怎么操作？是认定行情已经强得能忽略掉"垂帘听政"的 MACD，还是认为上升动能不断衰减、回调在即呢？这似是而非的盘态让人头痛不已。这时候，作者就想到了历史图表。在不断翻看中，最终找到了非常相似的图形（见图7-3）：指数都是一浪高过一浪、MACD 都在不断顶背离，都是在大熊市之后的熊转牛初期，指数每次调整都不深，就连成交量放大的规律都如出一辙。

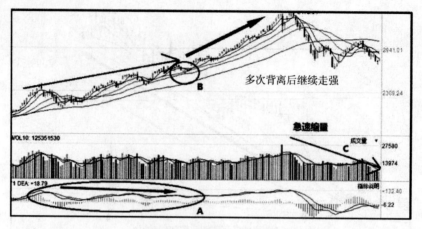

图7-3　历史给出的答案

　　仁慈的市场通过历史给出了答案，那就是多次背离后指数继续走强。很快，这段走势就被印证了。任何分析都有失灵的时候，MACD也不例外。这也是作者不断强调综合运用的原因。投资者不必关心MACD的背离为什么会失效，毕竟我们不是做学术研究的，没必要写一篇《MACD指标失灵中连续顶背离与价格效应的实证分析——以上证指数为例》的金融论文，也没必要给学术期刊去投稿，能赚到钱就够了。

　　当然，以史为鉴必须要两张图表尽量相似、具备足够多的相同特征才可以，不能随便套用。

第二节　马钢股份的规律波动

　　观察历史可以发现很多有趣的现象，如马钢股份，简直如脉搏一般在规律地跳动着：低峰—回调—尖峰—回落，一直这么循环着，像一首交响曲。14年来马钢股份就一直这样波动着（见图7-4、图7-5和图7-6）。

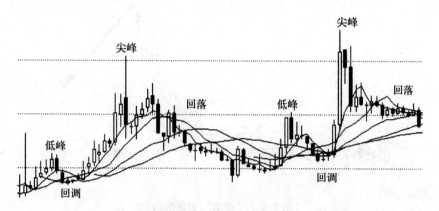

图 7-4　马钢股份 1995 年 4 月~2001 年 7 月月 K 线图

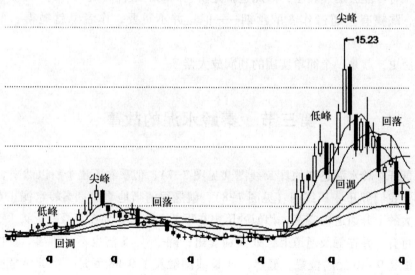

图 7-5　马钢股份 2002 年 12 月~2008 年 8 月月 K 线图

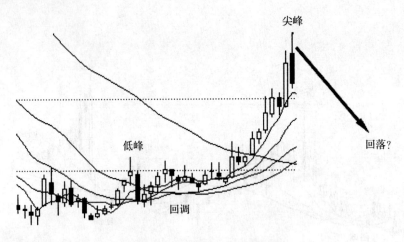

图 7-6　"律动"会重演吗

那么，当看到图 7-6 周 K 线图上再次出现了低峰—回调—尖峰之后，行情会回落吗？很有可能。再加周 K 线上尖峰已经出现了乌云盖顶的 K 线组合，行情很有可能会迅速转空，因此这就是获利离场的最佳时机。不到一年，价格腰斩，跌幅有些超过作者的预期——但这并不重要，作者早就抛得一股不剩了。

历史，就是一个简单实用的利润放大器。

第三节　秦岭水泥的故事

翻开秦岭水泥近期的日 K 线图（见图 7-7），似乎看不出个所以然来。

当我们翻开月 K 线图（见图 7-8），就能很清晰地看出：秦岭水泥正在一个巨大的上升通道中震荡，相似的历史在不断上演。如果在下缘附近买入、中长线持有，并在触及通道上缘处获利卖出，翻个 4~5 倍也不是难事。其中箱体上缘是 9~10 元的位置。显然，日 K 线图触及了 9.98 元是一个非常危险的信号，该股很有可能会中长期转弱，换股是最佳选择——这些致命的长期信号在短期 K 线图中是根本看不出来的。同样，图 7-9 和图 7-10 中两段行情看着相似，但在图 7-11 和图 7-12 中的后市行情却相差个十万八千里。对技术分析生搬硬套的投资者再次被要了。

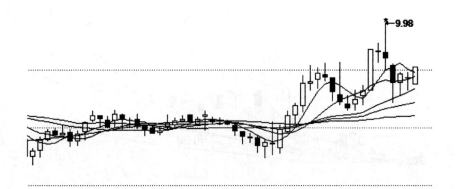

图 7-7　秦岭水泥 2014 年 10 月~2015 年 1 月日 K 线图

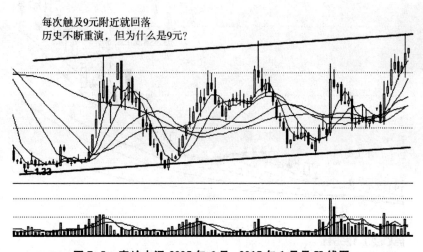

图 7-8　秦岭水泥 2005 年 6 月~2015 年 1 月月 K 线图

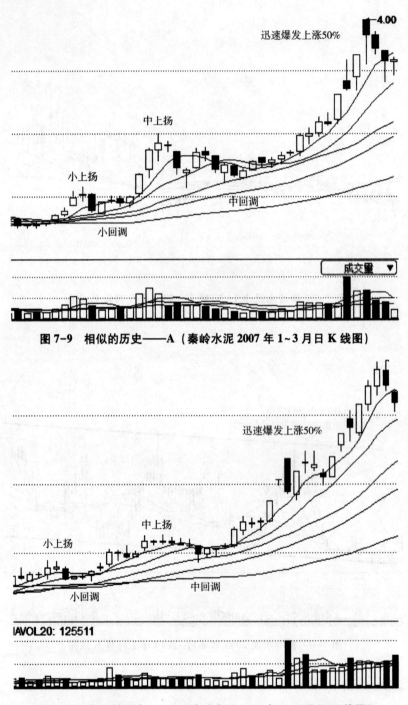

图 7-9　相似的历史——A（秦岭水泥 2007 年 1~3 月日 K 线图）

图 7-10　相似的历史——B（秦岭水泥 2011 年 2~4 月日 K 线图）

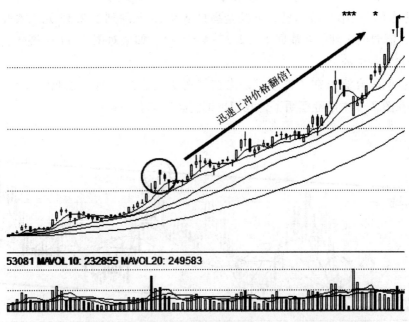

迅速上冲价格翻倍！

53081 MAVOL10: 232855 MAVOL20: 249583

图 7-11 迥异的结局——A（秦岭水泥 2007 年 1~5 月日 K 线图）

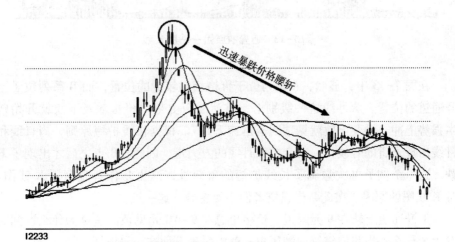

迅速暴跌价格腰斩

I2233

图 7-12 迥异的结局——B（秦岭水泥 2011 年 2~8 月日 K 线图）

在相似的图形之后，一个是涨了一倍，一个是跌了一半。事实上，图7-12只是下跌的第一段而已，下跌全程是从9.53元跌到了2.35元，跌幅达到75%，需要两次翻倍才能回本（2.35×4＝9.4）。如果对图7-11生搬硬套，结果是非常苦涩的。

但问题究竟出在了哪里？是出在"历史会重演"这一条吗？显然不是。答案在图7-8中已经摆明了，我们再把它翻出来看一看：

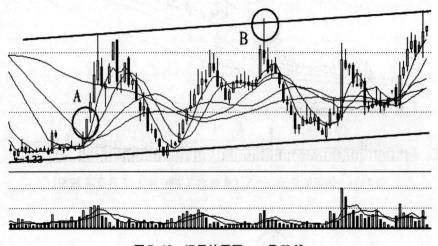

图7-13　迥异的原因——月K线

在图7-13中，显然，A系列位于价格相对较低的位置，而B系列位于上升通道的位置。从月线这一级别上，重演的历史是"价格触及下轨就开始转牛强势上冲，触及上轨就见顶回落迅速下跌"。根据长线护短原则，当日线和月线出现矛盾的时候，一般会按照月线的方向走。因此，B点之后才出现了下跌。这一个例子再次强调了长线护短的重要性，这也是作者爱摆周K线图、月K线图的原因。在此希望投资者们不要忽略了这一点。

上升通道上轨在9元附近，价格也总在9~10元见顶。这是为什么？到底发生了什么？当我们继续回溯历史，就能发现下面这一段图形：

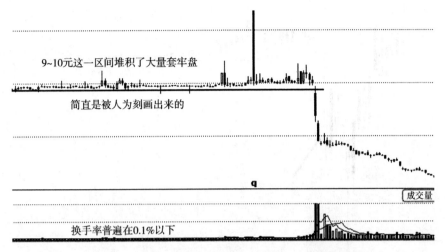

图 7-14　秦岭水泥 2002 年 6 月~2005 年 6 月周 K 线图

　　按照一般的价值规律，股票价格越高、涨幅越大，它的震荡波动就会越剧烈。自 1999 年发行上市以来到图 7-14，秦岭水泥已经翻了 4 倍有余，按说应该陷入大震荡中。但是，在长达两年半的时间里，秦岭水泥光洁如镜，其周 K 线图简直像是被人为雕琢了一番，让人怀疑。随后就是一段崩跌，直接下跌了90％。如果买了这只股票那可真是"中大彩了"。

　　这到底是为什么？让我们来看一个外汇的例子。2011 年 9 月 6 日，因瑞士法郎不断升值对瑞士的旅游业造成冲击，瑞士央行公开宣布，将不惜一切代价将欧元兑瑞士法郎维持在 1.2 的汇率以上（即保持 1 个欧元至少能换 1.2 个瑞士法郎，1 瑞士法郎的价值不能超过 0.833 个欧元）。当天欧元兑瑞士法郎直接跳涨 10％，一步到位。随后，在该国央行的不断努力下，也出现了图 7-15 中光洁如镜的走势。当然，图 7-15 只截取了当中的一小段周 K 线。事实上，直到作者撰稿时这种走势仍在持续，都 3 年多了。就一国央行而言，或许具有操纵汇率的能力（而且得到了欧盟和美国的支持）。但如果只是某家公司、某个庄家呢？他们的实力肯定比央行差远了。

　　很明显，秦岭水泥光洁如镜的走势也是人为干预出来的。在那个庄股盛行的年代，庄家可能遇到出货不顺，也可能贪心不足，想把秦岭水泥再拉升一大段。但无奈熊市来临，各类股票泥沙俱下，在资金流出、股民锐减的时代，拉升始终没成功，日 K 线图上几次脉冲式上涨全都被高档卖压迅速打回。我们可以在图 7-16 的日 K 线图中发现更多的细节（在除权图中还出现过一次大比

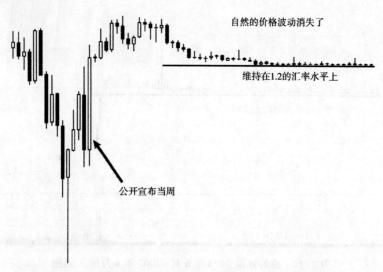

自然的价格波动消失了

维持在1.2的汇率水平上

公开宣布当周

图 7-15 瑞士法郎 2011 年 6 月~2012 年 12 月周 K 线图

例配送，庄家借用填权行情挽回颓势，但依旧没能成功。那段日 K 线换手率普遍不足 0.1%，甚至只有 0.01%，表现出明显的僵尸盘特征——庄家自导自演，无人喝彩）。最终，死扛了两年半实在扛不住了，庄家放弃抵抗。股票瞬间掉进了油锅。也因此在这个价位积累了大量的套牢盘，后市一旦冲到这个价格区间就被打回，一晃就是 10 年。

因此，人为干预出"光洁如镜"我们不要去碰，没有必要跟着庄家去"陪葬"。在市场中，如再次看到这"恐怖的镜子"，您还是趁早溜之大吉。

市场是仁慈的，哪怕是这样的走势也给出技术上的暗示。就算投资者不知道这是庄家在刻意做线，也能从"历史会重演"中得到答案。

见图 7-17，宝利来在价格翻 40 多倍后大幅回落，"光洁如镜"了 4 个多月，之后在 5 个跌停中崩盘，崩盘全程从 55 元跌到 8.52 元，跌幅为 84.5%。崩盘来临日——2001 年 1 月 10 日。

见图 7-18，中天城投在价格翻 30 多倍后"光洁如镜"了 10 个月，之后在 11 个跌停中崩盘，崩盘全程从 24 元跌到 3.7 元，跌幅为 84.6%。崩盘来临日——2003 年 4 月 16 日。

见图 7-19，啤酒花在价格翻 8 倍之后"光洁如镜"了 1 年 4 个月，之后在 13 个跌停中崩盘，崩盘全程从 16 元跌到 2.26 元，跌幅为 85.9%。崩盘来临日——2003 年 11 月 6 日。

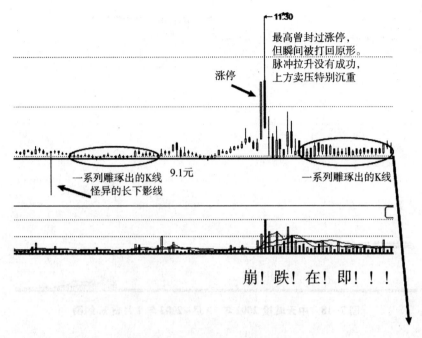

11:30

最高曾封过涨停，
但瞬间被打回原形。
脉冲拉升没有成功，
上方卖压特别沉重

涨停

9.1元

一系列雕琢出的K线
怪异的长下影线

一系列雕琢出的K线

崩！跌！在！即！！！

图7-16　秦岭水泥——崩盘的前夕

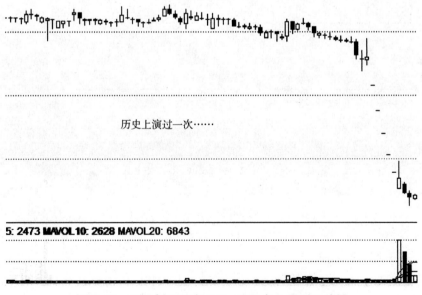

历史上演过一次……

5: 2473 MAVOL10: 2628 MAVOL20: 6843

图7-17　宝利来2000年9月~2001年2月日K线图

24.04

上演过另一次……

:190 MAVOL10: 6137 MAVOL20: 11948

图 7-18　中天城投 2002 年 10 月~2003 年 7 月日 K 线图

再一次……

图 7-19　啤酒花 2003 年 6 月~2004 年 1 月日 K 线图

这一幕已经上演三次了，每次跌幅都在 85% 左右，市场真的在给投资者暗示。单凭这一点就应看出极度危险的信号。就算买入价格不太好被浅套也应立即止损离场，一旦崩盘可就没这机会了。

最终，死亡通知书来临：

见图 7-20，秦岭水泥在价格翻 4 倍之后"光洁如镜"了 2 年 4 个月，之后在 5 个跌停中崩盘，崩盘全程从 11 元跌到 1.33 元，跌幅为 87.9%。崩盘来临日——2004 年 9 月 20 日。

图 7-20 秦岭水泥 2004 年 6~10 月日 K 线图

一定要以史为鉴，牢记历史的教训！

本以为这些闹剧会告一段落。谁知就在作者即将截稿时突然出了这么一档子事：北京时间 2015 年 1 月 15 日，瑞士央行公开宣布将不再干预瑞士法郎汇率，并将基准利率下调至 -0.75%（也就是存钱倒贴银行钱）。结果几分钟之内欧元兑瑞士法郎瞬间崩盘，如图 7-21 所示，很多做空瑞士法郎的人瞬间被爆了仓（外汇市场的杠杆非常高，只要低于最低保证金比例，哪怕是不到 0.01 秒钟的一个瞬间，那都是爆仓）。这是意料之外情理之中的事——欧元盘子实在太大，瑞士央行也吃不消了。想避免这样的厄运并不难：像作者这样，不碰便是。

图 7-21 欧元兑瑞士法郎 2015 年 1 月 15 日 一分钟图

注：因我国与欧洲国家存在时差，需要加上 6 个小时才是北京时间。

外汇市场没有涨跌停限制，那几分钟简直疯了，最终在日线图上留下一根长 20% 的阴线，现在依旧在低位徘徊。汇率问题牵扯到旅游业、金融业、进出口企业的运行，这些都是瑞士的支柱型产业。瞬间升值这么多真不可想象，会对相关企业造成沉重的打击。

欧元兑瑞士法郎，在瑞士央行的干预下"光洁如镜"了 3 年 4 个月，之后在几分钟内瞬间崩盘，从 1.2 最低跌到过 0.7，瞬间最大跌幅达 41%，在外汇市场中甚是极端。崩盘来临日——2015 年 1 月 15 日。

第四节 黄金的对称

历史不仅会重演，还会对称，图 7-22 就很好地诠释了这一点。

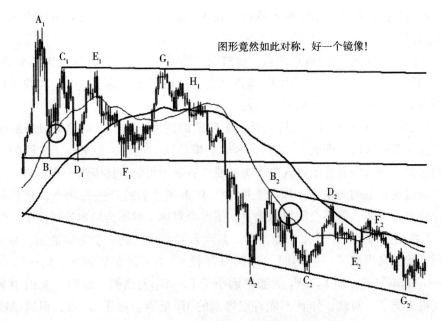

图形竟然如此对称，好一个镜像！

图7-22 黄金2011年7月~2015年1月周K线图

在图7-22中，价格走势有着一系列的对称点，只不过全是反过来的，让我来一一说明（两条均线中细的是30周平均线，粗的是60周平均线）：

A之前： A₁是在一段疯狂涨势之后的高点，而A₂是在一段疯狂下跌之后的低点。

B之前： B₁是疯狂上涨之后剧烈回调的低点，受到30周平均线支撑而停止；B₂是疯狂暴跌之后强劲反弹的高点，受到30周平均线压力而停止。

C之前： 价格到达B₁、触及箱体下轨之后，在30周平均线受到了二次支撑后大幅反弹到了C₁高点，并触及箱体上缘；价格到达B₂，触及下降通道上轨之后，在30周平均线处受到二次反压后大幅下跌到了C₂低点，并触及下降通道下轨。

D之前： 在C₁之后，价格再次回落，先是打穿了前期支撑30周平均线，之后跌到了D₁处被60周平均线和箱体下缘联合支撑住；在C₂之后，价格再次反弹，先是突破了30周平均线，之后到达了D₂处被60周平均线和下降趋势线的联合压制住。

E之前： 价格再次反弹，略微突破30周平均线后达到E₁高点；价格再次回落，略微跌破30周平均线后达到E₂低点。

F 之前：价格下跌击穿两条均线后在 F_1 见底；价格上涨突破两条均线后在 F_2 见顶。

G 之前：在创出 F_1 低点之后，价格强势震荡了一个阶段并选择向上突破，触及箱体上缘后见顶；在创出 F_2 高点之后，价格弱势震荡了一个阶段并选择向下突破，在下降通道下轨附近见底。

G 之后：历史上，G_1 之后先是一个阶段的震荡下挫，之后是一段暴跌结束了这个盘整阶段。那么 G_2 之后是否也会模仿这一过程，先来一个阶段的震荡趋强然后多头爆发重新进入牛市呢？或许有这个可能，还需进一步观察。

通过这一系列的镜像，作者把握住了 C 系列之后的一些买卖点，获利不少。历史会重演，但不会简单地重复。图形会对称，但不会简单地照镜子。例如，1 系列的通道几乎是水平的，而 2 系列要弱一些，是一个下降通道。从 F 系列开始，又出现了一些不同：F_2 的反弹较 F_1 的下跌要弱很多；E_1—F_1 与 F_1—G_1 基本等长，但 E_2—F_2 的涨幅远小于 F_2—G_2 的跌幅，说明 2 系列中多头变得更弱了。对此，作者不能肯定将来的 H_2 是否会高于 G_2 点，但这是次要的。重要的是，H_2 点一旦出现，很可能会成为很好的买点；一旦突破并再次站稳两条均线，变盘将拉开序幕。作者会持续观察这一信号的可信度，希望能参与到下一次的盛宴！

第五节　黄金的重演

让我们再看一个黄金的例子。在这里，黄金不断地模仿着它自己，历史正有趣地重演着。

在图 7-23 和图 7-24 中已经标上了各个对应点。整个过程先是 1 系列循环了一次，之后 2 系列模仿了一遍，3 系列又模仿了一遍，最后变盘向上。整个过程都十分相似：

A~B 段：大幅下挫；

B~C 段：底部震荡；

C~D 段：快速上冲；

D~E 段：大幅回落；

图7-23 现货黄金 2011 年 9 月~2012 年 5 月日 K 线图

图7-24 现货黄金 2012 年 5~9 月日 K 线图

E~F段：大幅反弹不破前高；

F~G段：再次下挫（其中1和2连中间反弹的位置都一样）；

G~H段：再次反弹（高位调整后见顶）；

H~A段：回落整理。

这一模式就这么的重演了三次，到了后期都可以模仿前期图形操作获利。需要注意的是：任何图形模仿都不可能永远持续下去，必然会在某个变盘节点之后脱离这个循环。这一点在图7-24是在H_3之后。假如投资者在此做空不止损的话，将会被轧空，损失惨重（还记得吗？商品期货中做空指的是跌了赚、涨了赔的一种交易）。

但为什么会这样？跟秦岭水泥的原因一样——长线护短。

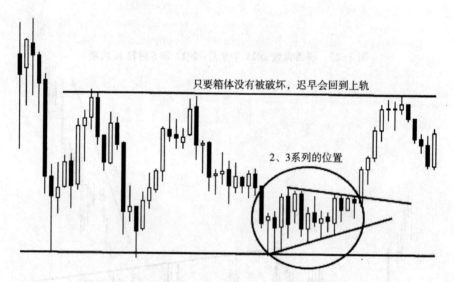

图7-25　现货黄金2011年8月~2012年11月周K线图

在周K线图中，金价一直处于箱体震荡中，说白了就是：碰到下轨—碰到上轨—碰到下轨—碰到上轨……这样无休止地弹跳着。从周K线上看，2、3系列本身就是在触碰了下轨之后形成的三角整理。只要这个箱体没有被跌破，就理应向上碰触上轨一次。因此，黄金最终选择了向上突破。

如果再加上均线，情况就更明显了：这一系列震荡中，均线组逐渐从空头排列转为相互纠缠再转为多头排列，已经做好了准备。一旦价格突破三角整理区间就意味着变盘的到来，将来一定会上试箱体上轨的。

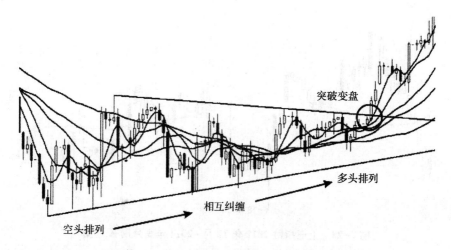

图7-26 现货黄金2012年5~9月日K线图

因此,在周K线定位上首先就要有行情将来会上冲的意识,在模仿历史操作时时刻观察日K线信号,最终在破位确认的时候勇于追多,相信利润将会是可观的(如在 H_3 做空了,也应空单止损反手做多。经杠杆一放大,翻倍并不难)。

➡ 本章习题

历史,何其相似!在过去的几年中,同一模式曾反复出现,为投资者提供了宝贵的操盘依据。请参照图7-27和图7-28将它找出来。

图7-27 上证指数2009年5月~2011年10月周K线图

← 1849.65

图 7-28　上证指数 2012 年 12 月~2014 年 5 月周 K 线图

附 5：章末图形介绍——形态中的对称

其实形态学中也有着对称的思想，如头肩顶和双底。无须多言，读者一看便知：

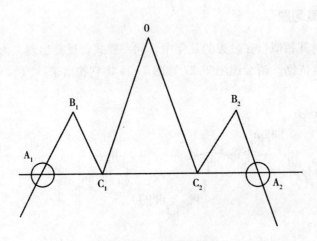

图 7-29　头肩顶的对称

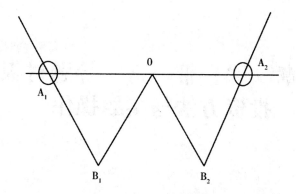

图 7-30 双底的对称

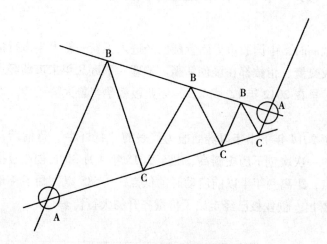

图 7-31 三角整理的对称

第八章 "一带一路"等题材板块
投资方法与实战操作

第一节 牛市投资方法与实战操作

到作者截稿时，中国股市毋庸置疑已经进入了新一轮大牛市行情，无论是开户数量、成交量、指数都在屡创新高。整理一下近几年来市场经历的热点和指数的走势，早在 2012 年 12 月 4 日，创业板就孕育着大势反转，产生了局部牛市。

在经历了 2014 年下半年以券商股为代表的"杠杆牛"行情后，创业板接力主板上升，一次次创下历史新高，截至 2015 年 4 月 30 日创业板指数最高点是 2918.75 点，距离两年半以前启动时的低点——585 点，翻了 4 倍之多。从图 8-1 可以看出，创业板已经走出了价量齐升的大行情。

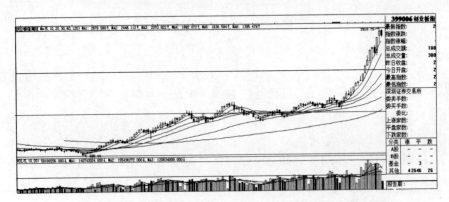

图 8-1 创业板指数 2012 年 12 月~2015 年 4 月周 K 线图

在创业板启动之初，市场以炒作文化传媒板块为主，蓝色光标（300058，见图8-2）、华谊兄弟（300027，见图8-3）为代表的该类股票率先拉升。

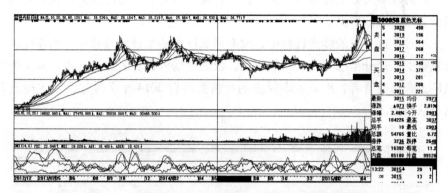

图8-2 蓝色光标2012年12月~2015年4月日K线图

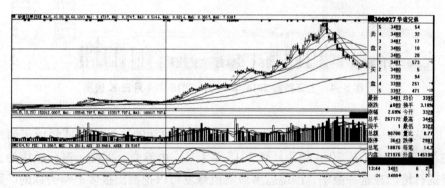

图8-3 华谊兄弟2012年12月~2013年12月日K线图

在2012年末到2013年末的短短一年时间内，蓝色光标与华谊兄弟的股价都有大幅增长，华谊兄弟的股价更是在一年里翻了6倍，在随后的时间里股价大幅下降，回落至高点价格的一半。由此可见，创业板的文化传媒板块在那段时间里是被狂热炒作的。

任何事物的产生与发展都是所有因素共同推动的结果，而我们看到的往往只是结果。创业板的疯狂炒作离不开当时的市场环境。主板在经历了2007年的大牛市行情及2009年的4万亿元政策带来的反弹行情之后，在2012年已经进入了深度调整阶段，无论是从周K线还是月K线来看，主板的振幅都较小，并且由于在A股上市的公司盘子较大，动辄百亿元、千亿元的市值，若要对股价造成波动，动用的资金量非常大。在某些寻求高回报的机构面前，主板无法满足它们的需求，而在创业板上市的公司市值普遍偏小，大多属于成长性公司，同时政府大力支持发展文化、传媒行业，顺应着这样的潮流，相应公司的股价自然逐渐被推高。

不过在这一波的炒作过程中，没有形成巨大的赚钱示范效应，创业板的上涨只吸引了部分早已身在场内的股民，没能让场外投资者大步入市。真正吸引到广大普通投资者，形成入市风潮的行情要属自 2014 年 7 月起，由主板发动的上涨行情。

图 8-4　上证指数 2014 年 10 月~2015 年 4 月日 K 线图

从图 8-4 的 K 线图中可以明显看到，主板发动的这一波行情经历了两个主浪，第一浪是从 2014 年 7 月到 2015 年 1 月，由券商、保险、银行板块为主升的行情，在这一浪中，围绕蓝筹股估值修复可以挖掘出很多不错的标的，因为在牛市的初始阶段资金首先流向价值洼地。同时，购买低价股也是一个很不错的策略，很多在 2014 年 7 月的 1 元、2 元股都在这轮行情中成功实现了翻倍，至 2015 年 4 月 30 日，两市已经成功消灭 4 元以下的股票。单价便宜的商品总是会吸引人们的眼球，购买低价股策略充分利用了这种交易心理，在大牛市里不失为简单而有效的选股方式。

在第一轮主升浪里，真正唱主角的是券商及参股券商的股票，牛市的来临很自然地给人们带来券商业绩将会大幅提升的预期，同时在资金的推动下券商股很容易领涨。并且这一轮牛市较之前的不同之处在于，市场上出现了融券融资、伞形信托这样的配资工具，在高倍杠杆的作用下即使是中信证券（见图 8-5）这样的大盘股也能在短短十几个交易日里股价翻倍。

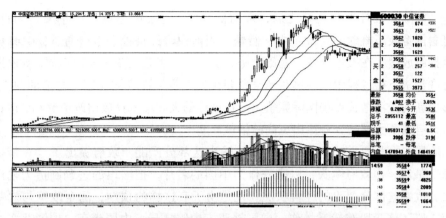

图 8-5　中信证券 2014 年 7 月~2015 年 2 月日 K 线图

中纺投资（见图 8-6）是一家以纺织经营为主的企业，2014 年 7 月 14 日停牌，11 月 17 日发布重组预案，收购安信证券 100% 股权，由于正好处于券商股的上涨行情，该股 18 日复牌之后接连 15 个涨停。

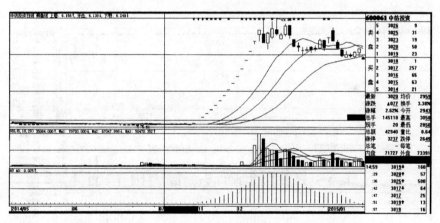

图 8-6　中纺投资 2014 年 5 月~2015 年 2 月日 K 线图

不过在第一轮基本没有回调的单边上涨行情下，券商股的预期被大幅透支，在后来的几个月里，券商股基本都在调整行情。除去少数几只股票外，前期涨幅较大的券商股都没有创出新高，而同时期上证指数从 3100 点上涨至 4500 点，涨幅近 50%。因此在股市里把握节奏也非常重要，尤其要避开过分炒作的股票，不要因一时兴起高位追入，把宝贵的时间浪费在解套中。

在继"杠杆牛"行情之后，带动指数再次上涨的是以"中字头"为首，打着国企改革概念的"改革牛"行情。当前中国经济处于下行通道，GDP增速持续放缓，在投资领域，基础设施、房地产和工业投资增速均不佳，政府期待在经济下行过程中能通过改革来重新配置资源，减小同业国企之前的内耗，形成新的经济增长点和国际竞争力。在这样的大政策下释放出改革红利，市场对于有改革预期的企业给出更高的估值。

国内面临严重的产能过剩，为了输出这部分产能，政府提出了"一带一路"战略，由政府牵头，以高铁作为中国的名片，把国内的过剩制造力输出去，改善这部分企业的经营状况。正是由于有这样的预期，国企改革与"一带一路"概念股被轮番炒作，中国铁建、中铁二局、中国南车、中国北车这些同时有多个概念的股票股价急速上涨。

被人们戏称为中国"神"车的中国南车（见图8-7），以4月28日的收盘价计算，南车与北车市值共计8000多亿元，超过波音公司。在"神"车的背后是人们对于资本市场的戏谑，持续不断的炒作与现阶段不健全的制度给予了中国南车、北车这样高的估值。

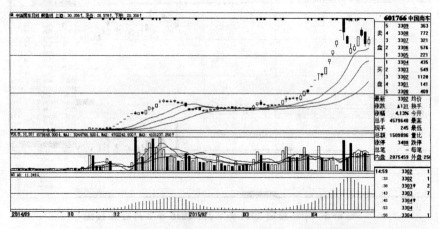

图8-7　中国南车2014年9月~2015年4月日K线图

除了国企改革与"一带一路"概念外，被市场大幅炒作的概念还有京津冀、互联网++、信息安全等。行情走到这个阶段市场开始"讲故事"，只要是故事都有人相信，故事使相应的股价上涨，股价上涨又吸引更多的资金追逐，并购重组也将大幅刺激股价上涨。其实讲故事行情的逻辑很简单，在第一波行情中，先入市的资金填平了价值洼地；在第二波行情中，增量资金面对着这么多股票，买哪个都差不多，只是需要一个买的理由，刚好在政策的催化下出现了很多规划与预期。在第一波行情的带动下，赚钱示范效应已经出现，新入市的投资者大批涌现，这部分投资者缺乏对于市场的经验，一般不懂基本面分析，看不懂财务报表，不关注公司的 PB（市净率）、PE（市盈率），买股的逻辑很简单，市场热点是什么就买什么，容易跟风操作，俗称的"追涨"。

在这种局势下，要么坚守自己长期看好的股票，要么顺势而为、短线操作、快进快出。短线操作以狙击第一时间涨停的热点板块龙头领涨股为第一目的，狙击具有启动、持续、突破、轧空等趋势性的涨停板，狙击属于自己能够抓住的涨停股票，追求顺势而为，现金为王，追涨杀跌与高抛低吸，快进快出，误入即刻高位止损、中位观望、低位补仓，强市多为，弱市观望，严格按"快、准、狠、独"的要求和入市条件操作。由于这种情况下板块热点轮动很快，短期波动非常大，如果短线操作得当，也能有较好的收益。

第二节　"一带一路"概念挖掘的本质

"经济史是一部基于假象和谎言的连续剧，经济史的演绎从不基于真实的剧本，但它铺平了积累巨额财富的道路。做法就是认清假象，投入其中，在假象被公众认识之前退出游戏。"索罗斯的这一论断形象地展示了一个高明的投机者眼中的世界，有用的假象比无用的真理更有力量。

著名的经济学家吴敬琏在接受中央电视台采访时说："中国股市连一个规范的赌场都不如。"在一个接受系统经济学教育并在研究领域做出一定贡献的大师眼里，中国股市是充斥着谎言与欺诈，内幕交易等不公平的地方，但他却不知道美国股市也是一个赌场，全世界各国的股市都可以算作是赌场。从每天开盘的钟声响起时开始，股票不是红色就是绿色，就像一个硬币的正反面，不管是做多或者是做空都无所谓，关键是猜中。很多人认为市场里存在超买与超卖，并且相信股票都有自己的价值，股票的价格一直围绕着价值上下波动。不过在实际操作中会发现，就像生活中不存在完美的圆与方，股市中也难以发现那条真正的价值线。说得更直白些，股票价格围绕着价值波动也是一个讲了很多年的故事。

如果从事件驱动的角度来看，从 1000 点到 6124 点，股市讲了一个城市化的故事；从 6124 点到 1664 点，股市讲了一个金融危机的故事；从 1664 点到 3478 点，股市讲了 4 万亿元的故事；而 2015 年 2 月初至 5 月初，股市开始讲国企改革、互联网++时代的故事。

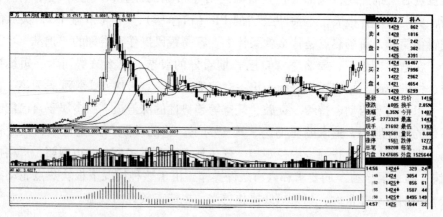

图 8-8 万科 A 2004 年 8 月~2015 年 4 月月 K 线图

在 1000 点到 6124 点的故事里，万科 A 作为主角登场，背负着市场的城市化预期，在那一轮牛市行情中涨了 30 多倍，虽然最后下跌，不过仍比启动之初高出很多。资本市场总是喜欢给故事的所有参与者一个共同的机会，在故事散场时再来分辨孰好孰坏。

在经历了这么多故事之后，对于一个真正的投机者来说，PB（平均市净率）与 PE（平均市盈率）算是什么呢？到底是投资的本质还一个谎言？

人们总是对于稳定有莫名的倾向，总是期望从混沌走向平衡，收入型股票比较稳妥，因此只要安稳地持有股票，坐收红利就可以了。或者说 PB 与 PE 是人们眼里的两种风险指标，低 PE 与低 PB 的股票风险似乎更小，购买 PB 低于 1 的股票的投资过程就像发现一个价值洼地，而价值发现的过程就像从洼地里爬出来；而购买高 PE 的股票就像随风起舞，是悬在空中的。只要故事还没有散场，剧情还没有落幕，并且这个故事承载着对未来的极大预期，那么 PE 肯定会涨到想象之外。或者可以这么说，在炒作 PE>30 的股票时，已经没有人在看这个指标，这时人们的眼里只有未来。

沪深市场单价最贵的股票，在线教育概念股——全通教育（300359），价格最高时达到 380 元/股，刷新 2007 年牛市巅峰时的中国船舶 300 元/股的纪录。目前 PE（市盈率）已是 886，用 PE 来衡量这种股票毫无意义，简单的数学公式已经不能控制中国市场，心理因素才是控制市场的关键，如同击鼓传花，也如同博弈。在全通教育（见图8-9）的PE破100时有人觉得价值被高估，比起那个时候，如今股价又翻了8倍，或许我们可以理解为这就是市场的力量。

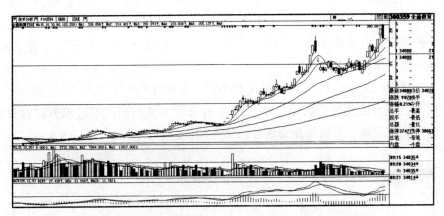

图8-9 全通教育 2004 年 1 月~2015 年 4 月日 K 线图

在概念挖掘时期，谁能更快意识到市场的风向，谁就能获得更丰厚的利润。如同"一带一路"、京津冀、互联网++等当下热门的炒作概念，其实是在一年多以前在财经类媒体进行大力宣传，政府要支持和发展的行业。比股价更早产生异动的是人们的想法，市场的氛围总是由少数人发起，慢慢扩散并影响到越来越多的人。随着更多的人被这个故事影响并且深深相信，在传递中故事被讲得越来越完整、越来越生动，以致到后来让最开始讲故事的那个人都难以置信，不过是否相信已经不太重要，股价一直在持续上涨。这个时候只能自己去感知市场想要什么，基本面分析已经失效，并且市场会源源不断地自我挖掘出新的题材或者在原有的题材上深度挖掘。

题材概念股如同蛋糕上的一层奶油，炒作得当可以短线急涨，暴利无限，如"一带一路"、互联网++；当然也会有一些概念股快速下跌，翻脸无情，如昙花一现的美丽中国概念。从概念题材的性质看，可以分两种：一种是脚踏实地，实打实的题材；另一种是虚无缥缈，雾里看花的概念。前一种多与国家政策、规定的变化，新技术的发明应用，企业自身内部升级、重组有关；后一种也许是子虚乌有，也许是预期中可能发生，但不知道什么时候发生，甚至根本就不会发生的事。再看资金的性质，有些题材股有明显的建仓痕迹，底部形态完整（常见的底部形态有双底、头肩底、圆弧底、箱体震荡），量价关系很清晰（阳线大、阴线小，阳量大、阴量小），可以很容易地发现洗盘与脱离成本区间的动作。比如，"脚踩头"，即每一波调整的低点都正好落在前一波上涨的高点，调整后的起身阳线较为有力，突破高点时表现得较为隐秘，多为小阳、串阳突破。又如，"一拉一横"，一根放量长阳突破，随后就在前一波高点或箱体之上震荡横盘，某一日稍不注意又一根放量长阳，如此逐波上涨。还有一种就没有以上这么清晰的形态，有时从底部直接"一字板"连续上涨，根本不给"上车"的机会。

创业板的上市公司东方财富（300059，见图 8-10），在经历了多个"一字板"之后市值超过千亿元，和万科 A 的市值大抵相当，不过东方财富只是一个财经类媒体，万科却是全国性的优秀地产公司。

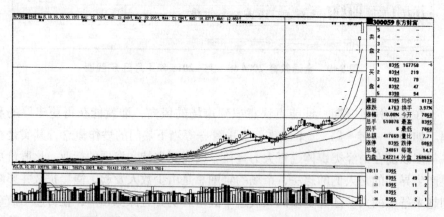

图 8-10 东方财富 2004 年 8 月~2015 年 4 月日 K 线图

被大幅炒作股票的高点是很难预测的，没有谁能轻易地猜到顶在什么地方，普遍认为是顶的地方通常不是，而让所有人都觉得很正常，没有什么危险的地方却发生了"雪崩"。这也从侧面验证了一个事实，市场总是在少数人这边。

概念股挖掘的本质可以被形容为炒作，也可以被称为赌博或者博弈，不过最重要的一点是，当故事散场时千万不要让自己成为最后说话的那个人。

第九章　投资忠告——作者的
经验之谈

投资，并非懂得技术就够了。事实上，投资分析只是一个方面，更重要的是要战胜自己。此类书籍在市面上已经有很多了，比如，关于在炒股中如何克服贪婪与恐惧、如何进行资金配置、如何避免陷入误区、如何不被虚假消息误导的书，如此种种不一而足。事实上，心态的修炼、投资境界的提升是一个漫长而重要的过程，以此为题写一本书并不难——因为可说的内容实在太多了。

鉴于本书是以技术分析为主的，又鉴于投资境界和投资心态两者均不可或缺，作者就介绍几个跟技术分析相关的内容，希望作者的这些经验教训能让投资者少走些弯路。

第一节　合适的分析方法

技术分析博大精深，切线理论、波浪理论、形态学、K线、黄金分割、对称性、移动平均线、指标系统……前人已经为我们提供了多种多样的分析方法。虽说每种技术分析都有盲区，但如能像本书这样综合运用，盲区会大大减少，甚至消失。

但问题是：如何综合运用？该选取哪几项进行综合？每一种技术分析都难以适用于所有的投资品种，每一个投资品种都难以跟所有的技术分析密切相关。因此，针对不同品种选择合适的分析方法就至关重要。

对此，作者就以个人主观感受对这些技术分析的实用性进行打分，如表9-1中，5分为满分，分值越高实用性越强。

表 9-1 不同品种中技术分析的拟合度

	大盘	大盘股	中小盘股	黄金	外汇
K 线	3	3	3	2	2.5
形态	5	4	4	3.5	2
切线	5	5	5	4	3
均线	4	5	5	4.5	2.5
价量关系	5	3.5	2.5	0	0
技术指标	4	4	3	3.5	4.5
波浪理论	4.5	4	2.5	5	2
黄金分割	3	3	2	4.5	4
历史与对称	3	3.5	3	4	3
长线护短	5	5	5	5	5

当然，这纯粹是主观感受，投资者如有不同意见完全正常。同一种分析方法用于不同的品种，效果也会不一样。例如，黄金和外汇根本就没有成交量数据、中小盘股太过活跃点位不易把握、不少外汇品种假突破太过频繁等。这时候，就要换一些用起来较为顺手的方法去操作，从而扬长避短。

关于这些，图表会给出明显的答案，如图 9-1 所示，一眼就能看出来股价在依托着均线组上行。那么，均线理论就应该是技术分析的主线，再辅以其他分析方法即可。

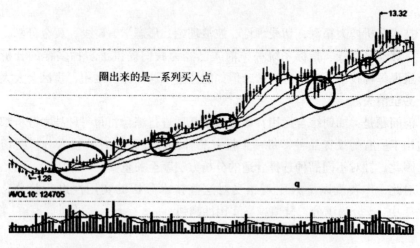

图 9-1 海南椰岛 2008 年 10 月~2011 年 1 月周 K 线图

又如，图9-2中，现货黄金在以近乎抽风的方式运行着（顾名思义，四小时K线图中一根K线为4个小时。现货黄金一天24小时不间断交易，一根日线包括6根四小时K线）。在此，K线的实战效果非常差。首先是A处，一根大阴线下来，弱势盘整2天就直接见底；B处，5根强势大阳线之后行情直接见顶；C处，在六连阴、两阴夹一阳走势之后直接见底；D处，一根巨阳线几乎把涨幅全部透支了，连个回调进场的机会都没给；E处，看似一个大双顶破颈、迅速达到目标价位，但没几个中国人能把握得住——破位时为北京时间凌晨一点半，至少作者不喜欢熬到那么晚（北京的凌晨是欧洲的上午、美国的下午，破位是由欧美盘交易引起的）。等到了北京的清晨、大家起床之后，价格也在暴跌之后见底了，随后却是毫无预兆的抽风式反弹、一步到位。估计这种病态的震荡整理坑了不少人。其实，在G之后又出现了一个头肩顶假突破，只是版面所限，未能呈现出来。

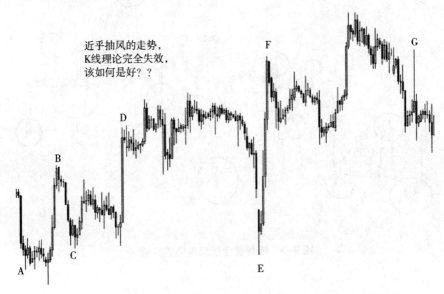

图9-2　现货黄金2014年11月5日~12月17日四小时K线图

这么变态的走势该如何是好？K线出现下跌信号它却直接见底；K线出现上涨信号它却基本见顶，几乎全是反着来的。而且节奏变化太快，捉摸不定，仓位重的话没准在睡梦中就爆仓了（保证金交易中，因亏损导致保证金比例低于最低要求时，系统会强行平仓，投资者直接就被扫出局了，根本没有扛回来那一天，这就叫爆仓）。这该如何是好？

对此，作者给出了几条建议：

上策：静候观望。这一段抽风震荡风险太大（保证金市场中，经杠杆一放大，风险也是呈几何倍数的上升，再加上这种抽风式震荡，很容易亏损），未来的机会还多得是，错过总比胡乱做错要强。

中上策：既然K线和形态不管用，能不能试试其他方法？当时的布林带很精确地给出了这些转折点，在图9-3中，只用了布林带中最普通的一条规则：触及或突破布林带上轨即卖出，触及或跌破布林带下轨即买入，能够很精确地把握住一系列的买卖点，多做几轮获利不菲。还可以这样想：四小时图太动荡，能否切换到小时图中观察得更仔细一些？或许也会有所收获。

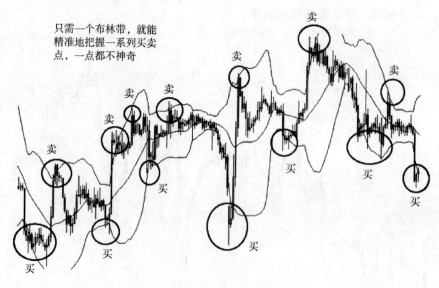

图9-3　现货黄金抽风走势的破解

投资者要注意：中上策用的是主流分析方法，经受过历史的长期检验，就算抽风行情结束了也不会错得太离谱。假如行情能够贴着布林带稳定运行一段距离，而非脉冲性地沾了就走，就应该怀疑折腾期是否结束了。贴着上轨走表明行情将持续强势（而非巨幅震荡），很可能新一轮的单边行情已经开启。这是布林带的另一个运用方法。

中下策：既然这里的K线和形态都跟走势反着来，那我们是否也可以反着做呢？例如，K线出现做多信号我做空，头肩顶向下破颈我做多，或许也能踩准点位。但问题是：早晚有一天这种扭曲的行情会结束，K线和形态重新恢复正常。到时候再用这种反向操作，搞不好会出现一系列亏损——没人会告诉你行情将在什么时候恢复正常。

下下之策：那就是继续生搬硬套书本，不顾行情的特点僵硬地去分析，这么做作者实在不敢恭维。但不少投资者，甚至某些"喊单老师"也犯过此类错误，以至于滋生出技术无用论来。哎，有上策中策不选，非选一个下下之策，能分析得对才怪呢。

回到我们这一节的主要内容：技术分析不能一股脑地往里塞，而应选对合适的分析方法，希望这会给投资者一些启发。

第二节　适合你的投资方式

说完了交易品种，让我们再来说说人。每个人都有不同的性格、喜好、职务、家庭环境，也有不同的时间、精力、财务状况。因此，针对不同的人也应有不同的投资方式。

就作者自身而言，我喜欢追求生活质量，不愿意为了某笔交易熬到凌晨，也不愿意长时间坐在屏幕前盯着行情的起起落落。写书、科研、讲课，都需要作者全身心的投入，不受外界的打扰。因此，短线交易并不适合我。

有些人喜欢做长线交易。比如，我的一个朋友，他从2010年开始就看中了厦门港务深水港的特点，认为这是一个不错的潜力股（我国的深水海港并不多）。随后，从2010年开始就进场，在下跌当中不断补仓、越跌越补，从一开始就做好了打持久战的准备。4年之后，"一带一路"题材的横空出世，厦门港务也如烟花般绚丽夺目，令他获利不菲。在近期的交流中，又如，作者另一个朋友说他在中国铁建里一待就是好几年，认准了蓝筹股被低估这一点。长时期的苦修终于修成正果，在3~6元半死不活地徘徊了3年以后，中国铁建疯狂上涨到28元。

应该说，他们的投资理念跟巴菲特有相似之处，作者也十分敬佩这种价值投资的方式，既稳健又能获利。当初，那位朋友也向我推荐过长线持有厦门港务。但作者真的没有那么多的耐心，持有了几个月就实在受不了这种煎熬，卖出离场了。

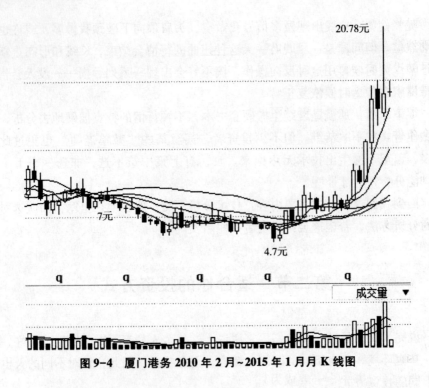

图9-4　厦门港务 2010 年 2 月~2015 年 1 月月 K 线图

图9-5　中国铁建 2013 年 3 月~2015 年 1 月月 K 线图

对此，作者不后悔，后悔是最没用的一种情绪，因为世上没有后悔药。作者既然没有做短线的条件，也没有做长线的耐性，那就做中线吧。在几周到几个月的投资周期中作者显得游刃有余，获利颇丰。直到现在，作者的技术分析都是以中线为核心的。

那么，对于其他投资者而言呢？很多人崇拜巴菲特，但绝大多数人都没有那个条件，想想下面的问题就能明白了：

（1）你能持有 1 只股票长达 10 年、20 年丝毫没有卖出的意愿吗？巴菲特做到了。

（2）你能在股票连续 8 年甚至 10 年走熊、价格被腰斩之后依旧坚定不移地看好并买入吗？巴菲特做到了。

（3）你能每几个月买入一次、在若干年间分批建仓吗？巴菲特做到了。

（4）你能在几个月甚至一两年内对股票报价看也不看吗？巴菲特做到了，他不想被价格波动影响心态。

（5）你能在损失全部财产 99.9% 的情况下依旧安逸地生活吗？巴菲特做到了，就算 500 亿美元损失 99.9% 变成 5000 万美元，过一辈子也足够了。

因此，不要模仿巴菲特，你我永远也成为不了他。

事实上，我们没必要成为某个人，我们只需要做自己。毕竟最适合的才是最好的。

第三节　敢于向市场认错

虽说我们都倡导理性投资，但市场真的是理性的吗？投资者真的是理性的吗？人究竟是理性的吗？心理学家曾做过一系列的实验：

实验一：

某位心理学教授在给 A 班上课之前先对某种杯子的性能、图案、材质等方面做了一番广告，随后问同学们："你们愿意用 6 美元把这个杯子买下来吗？"结果付款的人寥寥无几。随后，这位老师又给另一个人数相同、专业相同、年级相同的 B 班上课。在上课之前，他在每位同学的桌子上放了这样的一个杯子，并在下课的时候给同学们两种选择：一是花 6 美元把这个杯子买下来，二是把这个杯子交还给他。结果多数同学都花了 6 美元买下了它。这个实验证明人们都有厌恶损失的天性。在 B 班当中，同学们已经下意识地将杯子据为己有，认为把"自己"的东西还回去是一种让人厌恶的损失，由此赋予了它更高的价值，也就增加了购买的欲望。

实验二：

某位心理学教授在学校食堂门口支了个摊，摆了两种巧克力，其中一种价值2美元，另一种价值8美元，并随机找了100名同学进行测试。在第一组中，他让每位同学从这两种巧克力中免费挑选一种作为赠品。结果是除了极个别的同学之外，几乎都挑选了那种8美元的巧克力。在第二组中，他依旧让同学们去挑选一种巧克力，但加了一条：如果想获得那块8美元的巧克力，需要向他支付1美分。

比起巧克力的价格，这1美分实在是无足轻重。但却有数十名同学都挑选了那种2美元的巧克力。这依旧说明了人们厌恶损失的心理——将"损失"掉的这1美分价值无限放大，以至于做出了错误的选择。

当然，类似的实验还有很多。心理学界早已证明大多数人都具有不理性的一面。有时候，感觉好并不一定是真的好。比如，很多投资者都厌恶止损，认为是在割他的心头肉，其实不然——这同样是在厌恶损失的心态下将小的损失无限放大，以至于扔掉了本应得到的西瓜。

例如，我们在第一章章末习题中提到的破位止损。作者当时真的止损了，但当价格重新涨到这里时，我是获利的，无论从降低风险还是从增加利润的角度看，这么做都是值得的。让我们回忆一下第一章中的话：

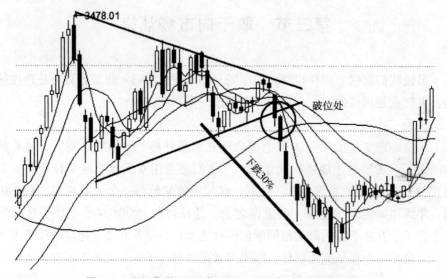

图9-6　上证指数2009年5月~2010年10月周K线图

在图 9-6 中，上证指数后市下跌约 30%。虽然最终反弹回到了破位处，给投资者一个解套的机会，但要注意的是：

（1）在破位时，作者只知道行情会崩盘，但不知道多久以后会涨回来。例如，2007 年的 6000 点，距离现在都 8 年了依旧遥遥无期。

（2）在破位的地方止损，并在反弹行情发动之前再次进场做多，捕获 20% 的涨幅并不难，把止损的损失弥补回来后还会剩下一定的利润，比死扛着要好。

因此，无论从增加利润还是从降低风险的角度看，当时都应该止损离场。

又如，第七章第五节中的图 7-24，从传统技术分析的角度，三角整理上轨本身就是个压力位，触及这里时卖出做空并不算错。但是，任何趋势线、任何形态、任何重演的历史都有被破位、被反转的那一天。因此，一直这么做下去总会有做错的那一次。做错了不可怕，可怕的是不认错。在图 9-7 中，虽然在第六章中作者已经给出了行情反转的可能，但在 H_3 处做空依旧是情有可原的。

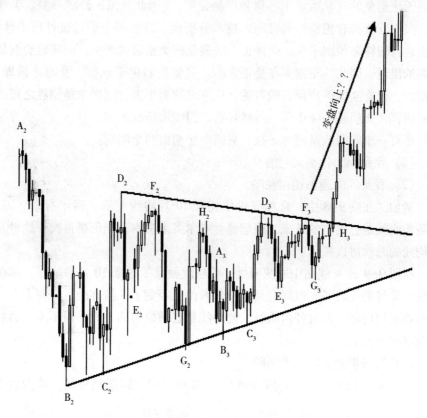

图 9-7 现货黄金 2012 年 5~9 月日 K 线图

试想：三角整理破位向上、均线转入多头排列的时候应不应该做多？如果你现在是空仓的是否愿意进场享受利润？我相信多数人的回答都是"是"。这也是理性的判断。但正因为手上握着空单，让我们厌恶做空带来的损失，想尽一切努力不把账面损失变成实际损失，才会继续扛下去。但这些努力是徒劳的，因为某个人是否做多跟行情是否反转完全没有任何关系，我们只能顺应着趋势来。

美国历史上有很多的金融大鳄，《股票作手回忆录》的作者杰西·利弗莫尔（在书中化名为李文斯顿）早在 14 岁就开始炒股，在 29 岁就成为了百万富翁（当时的 100 万美元比现在的 1 亿元人民币还值钱），但依旧是屡经挫折，破产了若干次并东山再起。试想，连这么优秀的少年奇才都有犯错误的时候，更何况我们普通人呢？

技术分析本身就具有统计学的特征。在统计学、抽样调查中，抽样误差是难以避免的，因此才有了参数估计、假设检验等。其中的纳伪错误和拒真错误都是无法避免的（从数学上已得到严格证明）。因此，国民经济预测、天气预报、疾病筛查都有犯错误的可能。技术分析也一样，都是通过统计历史数据、历史运行规律来预测未来，同样也无法避免两类错误的产生，同样也会有估计误差的出现。因此，犯错实在是正常的。只要我们勇于承担、及时止损即可。做错的，让它立即停止掉；做对的，让它继续对下去，这样才是制胜之道。就作者而言，止损是一味中药，虽然味苦，但能治病救人。

还有一个问题就是何时止损？只需要想明白两个问题：

（1）我是因为什么买它的？

（2）我买入的理由还存在吗？

例如，在图 9-8 中，常林股份依托着 10 月均线上涨了两年有余。因此，这条均线就是它走牛的基础，根据葛兰威尔买入法则，当价格再次下跌触及这条均线的时候可以买入。

在图 9-9 日 K 线图中的圆圈处，价格就触及了这条 10 月平均线，按说下一轮升势将要开始了。但问题是：常林股份已经翻了 5 倍有余，涨幅太大，有强烈修正的可能。而且任何均线、趋势线都有破位的那一天。很不幸，最后的破位就在今天。

让我们回想刚才的两个问题：

（1）买入这只股票，是因为触及了 10 月平均线这条趋势线，认为后市会上涨。

（2）但现在跌破了这条均线，而且在它的下方运行了一些时日，基本说

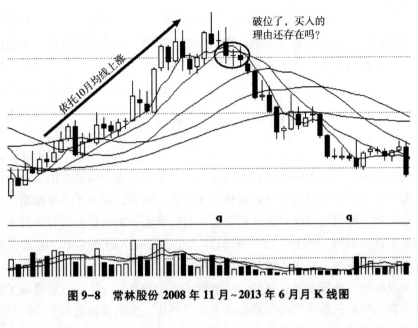

图9-8　常林股份 2008 年 11 月~2013 年 6 月月 K 线图

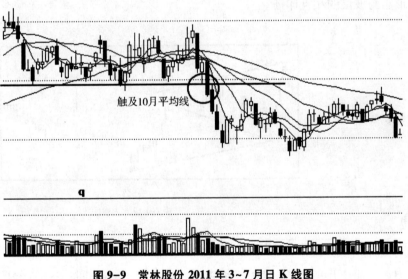

图9-9　常林股份 2011 年 3~7 月日 K 线图

明这条均线已经被跌破，买入的理由已经不存在了。

　　因此，应该逢高离场，在图末高点基本没有什么亏损（因为触及了前期颈线，这里存在压力，大势转空的前提下继续反弹概率较小）。假如破位得太厉害、行情波动太快，还可以立刻止损卖出。

错这一次不可怕，5%都不到的亏损完全算不上伤筋动骨，下次做对了马上就能赚回来。要是一直扛下去，在后续的一系列下跌中最低跌到了 2.79 元，到了现在最高也才 5 元多——您的投资账户被洗劫了。

第四节　不要预设立场

我们都希望行情能够按照我们的想法一步步走下去。但股市绝不会为了某个人做出任何改变。预设立场体现在很多方面，例如，看见了头肩底雏形就认为一定破颈，破颈之后就认为一定会达到目标价位，更有甚者简直像列车运行时刻表那样为股票"编排"了一套动作，让它完成。但事实上，股市就像猫那样对你不理不睬，你也不能拿它怎么样。

预设立场的危害在于：这些想法蒙蔽了我们的双眼，让我们忽略掉了各种各样的警示信号，最终做出了错误的决定。例如，在第四章第六节中，我们探讨了形态与波浪的相互印证。

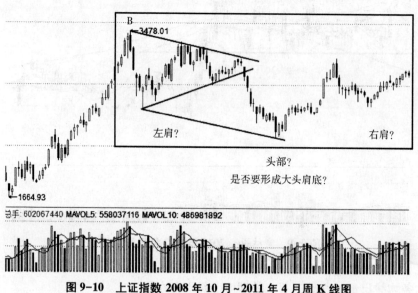

图 9-10　上证指数 2008 年 10 月~2011 年 4 月周 K 线图

在图 9-10 中，大盘好像要形成一个大型头肩底，上破之后目标价位直指4500 点。此时，网上就有人开始讨论上破之后哪种个股会有表现，怎么投资比较稳妥，政策上中央会出台哪些文件促进这次突破的到来，甚至有人连几月上涨到多少点、几月又上涨到多少点、几月会调整、调整到多少都列得详详细细，当真像是列车运行时刻表。但这一切的前提条件都是上证指数向上破位，而且处于1、3、5这样的浪中才会出现。因此，在第四章中，作者指出："可惜，这里是C浪。A浪从6124点跌到1664点跌幅约4500点，如果C浪再跌4500点指数将变成负值，这显然不可能。所以，C浪只能从时间上展示其'主跌'的特征，因此会变得十分漫长——怎可能在不到一年的时间中就结束呢？况且，C浪没有再创新低，这本身就是值得怀疑的。"随后，上证指数一直熊到了2014年，无情地击碎了幻想的肥皂泡。

写到这里，作者突然想起了一篇伊索寓言：

从前，有一个情窦初开的小姑娘，她用头顶着一罐牛奶到集市上去卖。在路上，她想着：我能用这罐牛奶换一些鸡蛋，然后用这些鸡蛋来孵小鸡。等到小鸡出壳以后可以用它们换来更多的鸡蛋。照这样做一年下来我就能赚到很多的钱，我可以用这些钱去买一件漂亮的衣裳去参加舞会。在舞会上一定有很多英俊潇洒的小伙子会约我跳舞，我要做的就是把头高高一扬，高傲地走开，他们一定会追过来跟我说……

想到这里，她也忘乎所以地昂起了头。但头顶上的牛奶罐瞬间掉落在地上，摔得粉碎。

这跟当时的股评界何其相似，还没破颈呢就开始想以后的走势，对C浪当中暗藏的风险不管不顾。随后就熊了两年多跌了40%，直到2014年底才重新回到这里。

幻想固然美丽，但一定要注重当下、注意脚下的陷阱。就算行情要走牛，等突破后再去幻想也不迟。

就在作者即将截稿之时，无意中在网上搜到了一篇2010年"房价崩盘时刻表"。虽说2014年房价陷入调整期，但依旧高于2010年的水平，而这种跌幅也实在算不上"崩盘"的程度。都2015年了，这"崩盘动车"还没进站呢，晚点得真叫可以。

第五节　如何避免满仓踏空

很多投资者经历过只赚指数不赚钱的困扰，这在历史上出现过若干次，特别是近期满仓踏空者就不少。对于这点，作者认为是没选好指数。或者说，有时候中小板指比上证指数更重要。

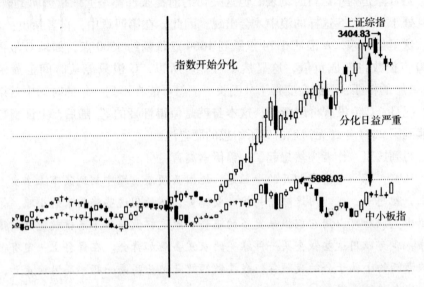

图 9-11　上证综指与中小板指 2014 年 9 月~2015 年 1 月日 K 线图

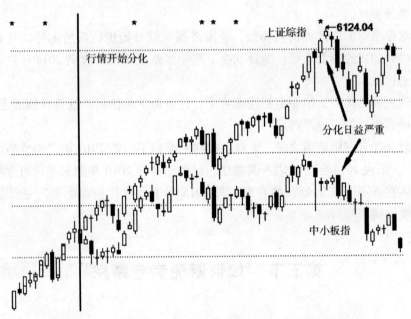

图 9-12　上证综指与中小板指 2007 年 7~10 月日 K 线图

图 9-13   上证综指与中小板指 2008 年 11 月~2011 年 4 月周 K 线图

现在的投资者很多喜欢炒中小盘个股，认为这一类个股拉抬的时候会顺利一些，这也跟近几年熊市中中小盘个股表现坚挺有关。因此，到了近期的大盘行情就会感到明显不适应。这一点在两种指数的叠加图中尤为明显，两种指数出现了严重分化，那么买大盘股和买中小盘股自然会是两种命运。

例如，在图 9-13 中，上证综指不断走熊，但中小盘股指却在牛市当中。这时候，买中小盘股票会收获颇丰，但大盘股却惨遭套牢。又如，在图 9-11 和图 9-12 中，上证综指不断上扬，但中小板指却不为所动。很明显，这时候买了中小盘个股就会赚了指数不赚钱，满仓踏空。

对此，我们不妨把上证综指和中小板指当成两个截然不同的市场分开来看。当上证综指处于牛市阶段时，以大盘股为主；当中小板指走牛大盘走熊时，只买中小盘个股，并把中小板指当成主要参考指数，忽略掉上证综指的波动。照这样做，会减少很多的遗憾。

第六节　对"别把鸡蛋放在一个篮子里"的误读

"别把鸡蛋放在一个篮子里"是大家公认的股市谚语，意思是让投资者分散化投资，降低投资风险。但在现实中，有很多人误读了这句话。其原文是："别把鸡蛋放在一个篮子里，然后看管好这些篮子。"其实后半句更为关键。试想：假如为了分散而分散，把鸡蛋放在一些个破篮子中，还不如都放在一个好篮子里来得强。还有些人这里买 200 股，那里买 300 股，那里买 500 股……几万元钱买了几十种股票，看着好像是分散了，但您哪有时间和精力照看这么多篮子。那么多股票挨个翻一遍都费事，更别提仔细分析、认真打理了。这样的话篮子掉到地上了也不知道：警示信号来了没看见、进场时机来了没看见、利空消息出台了不知道，其结果就是什么都管不过来，被套了一大片。这样做还不如稳稳当当地分成两三个、三四个篮子，轮流照看好它们。如果真想将资产尽可能地分散，不如去买基金或者 ETF。基金一般将资金分散成几十只个股进行投资，由专业的基金经理和团队来轮流照看好这些"篮子"；而 ETF 又称作指数型基金，是紧盯指数的一个交易品种，如上证 50ETF 就完全按照上证50 的组成、按照相同比例买入这 50 只个股，沪深 300ETF 就是按照沪深 300指数的构成、各股占比买入完全相同的 300 只股票。目前还有中小板 ETF、H 股ETF、红利 ETF 等几十个交易品种。这样做选择余地也不小，而且更分散些，还不至于照看不过来——你只要看管好基金这一只篮子就好了。

还有人认为"鸡蛋和篮子"的关系仅限于 A 股，其实不然。随着沪港通的开通，投资者也可以涉足港股交易，或者通过 H 股 ETF 来分散化投资。历史上有很多上证指数颓势明显、恒生指数表现不错的时候，在图 9-14 中，上证综指跌了 35%，恒生指数涨了 25%，这里外里投资收益率就相差了 60%。

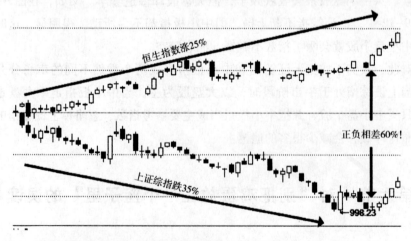

图 9-14　上证综指与恒生指数 2004 年 6 月~2005 年 8 月周 K 线图

除此之外，黄金、原油、外汇、债券等各方面都可以用来投资。这样跨市场投资可以更分散些，从广义上没有把所有的鸡蛋都放在股市这一个"篮子"中，而且会获得更多的投资机会。例如，在图9-15和图9-16中，在A股走熊的时候金价却翻倍，同样是一个不错的投资机会。因此，投资的眼光不能局限于A股的一亩三分地，拓宽眼界，就会发现更多的机遇。

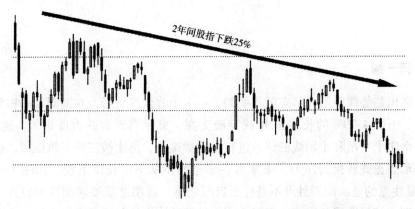

2年间股指下跌25%

图9-15 上证指数2009年9月~2011年8月周K线图

同一时期黄金大涨113%

图9-16 现货黄金2009年9月~2011年8月周K线图

章后习题参考答案

第一章

画出趋势线以后，形态就很明朗了：一个收敛三角形，在圆圈处一根跳空低开、下跌 4.79% 的长阴黑 K 线穿破支撑，显示当天大跌力度很大。随后，在一个阴十字星和小阳线的位置进行了回抽确认，再次被三角下轨压回，说明三角形态正式转换为压力，未来将在形态的压制下中长期下跌，如图 1 所示（需要注意的是：圆圈处可不是什么启明之星。启明之星要求阳线要较强、较长，至少超过阴线的一半，彰显出多方反攻的决心。但这里在跳空缺口和长阴黑 K 线的衬托下，阳线简直不成比例。因此，这并不是什么启明之星）。

破位回抽，阳线就是最佳止损点

图 1 上证指数 2009 年 7 月~2010 年 4 月日 K 线图

在图 2 中，上证指数后市下跌约 30%。虽然最终反弹回到了破位处，给投资者一个解套的机会，但要注意的是：

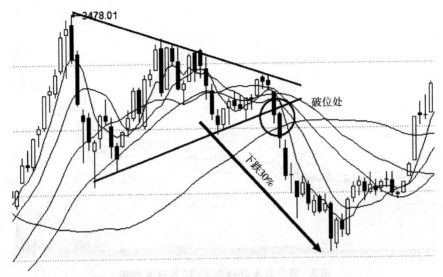

图2　上证指数 2009 年 5 月～2010 年 10 月周 K 线图

（1）在破位时，我们只知道行情会崩盘，但不知道多久以后会涨回来。例如，2007 年的 6000 点，距离现在都 8 年了但依旧遥遥无期。

（2）在破位的地方止损，并在反弹行情发动之前再次进场做多，捕获 20% 的涨幅并不难，把止损的损失弥补回来之后还会剩下一定的利润，比死扛着要好。

因此，无论从增加利润还是从降低风险的角度上，当时都应该止损离场。

第二章

根据葛兰威尔八大法则，可以很轻松地看出三个买入的机会：

第一买入点：当均线由下降转为上升时，K 线上破所有均线组并依托 5 日平均线上扬、均线转入多头排列时，就是标准的葛兰威尔第一买入点。这个时候买入价格和风险都很低，但行情不一定会很快发动。

第二买入点：当价格回落受到均线明显支撑时是葛兰威尔第二买入点。可以看到这里的阴线都很小，最大的也不到 2%，说明行情还很平稳，空方反击力度不大，而且没有进入到主升浪阶段。未来主升浪一旦发动，利润将是"飕飕"的。

最佳买入点：当然，谁都无法准确预知主升浪何时开始，但应该不远了（就作者经验，大多出现在第一个或第二个葛兰威尔第二买入点之后）。之后，

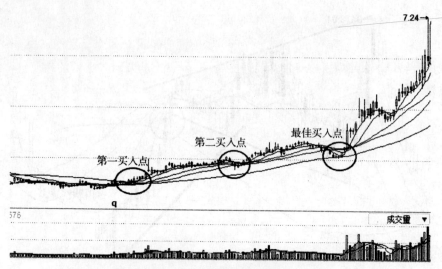

图3　粤电力 A 2014 年 5~12 月日 K 线图

行情又"磨叽"了一番，在最佳买入点处再次出现了一个葛兰威尔第二买入点。这个地方正好还是双底破位的回抽确认阶段（因版面所限，无法显示出来。但单从均线上就足以看出这个买入点了），在均线和形态的双重推动之下，行情迅速进入主升段，利润在奔腾。

类似的个股还有很多。希望投资者掌握本章内容后能够发现更大的黑马。

第三章

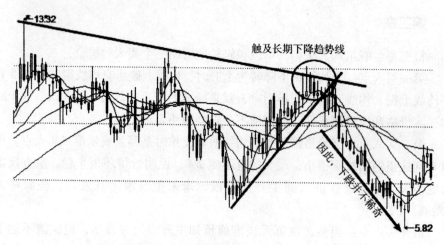

图4　海南椰岛 2010 年 11 月~2013 年 1 月周 K 线图

还是长线护短原则。虽然日 K 线上呈中期上升趋势，但敌不过周 K 线上的长期下降趋势。很不巧，这个位置恰恰是价格触及长期下降趋势线的位置，应由升转跌。当长短期方向出现冲突时，大多以长期方向为准。因此，价格转跌毫不稀奇。

第四章

图 5 末 "（3）？"的意思是不能确定（3）浪是否完成。但可以肯定的是，新的一浪已经到来了。需要注意的是，C 浪不是楔形浪，因为从形态的角度画不出楔形的形状，而且（1）、（4）浪没有重叠，它是一个普通的标准浪。

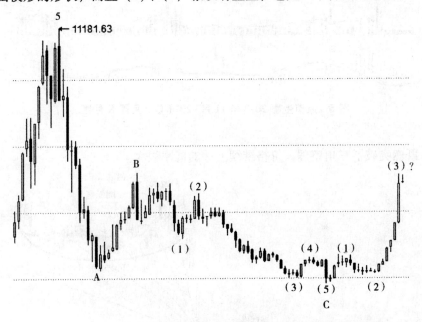

图 5　公用指数（1B0005）2007 年 2 月~2015 年 1 月月 K 线图

第五章

首先要说明的是，周 K 线其实是三角整理上破，别被一条压力线给带沟里去。

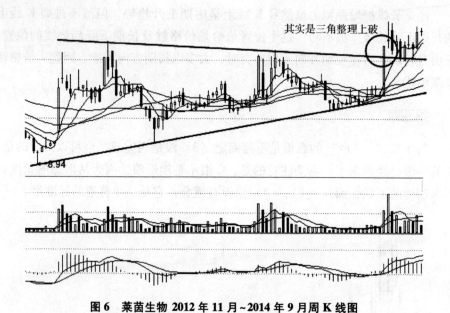

图6　莱茵生物 2012 年 11 月~2014 年 9 月周 K 线图

既然突破了三角整理，价格继续上冲的概率很大。

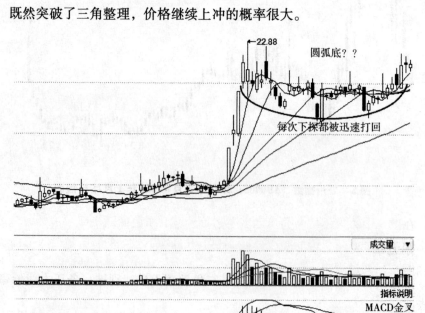

图7　莱茵生物 2014 年 5~9 月日 K 线图

日线图就更明显了：每次下探都被迅速拉回，说明下档买盘承接很强。到了图形末段，已经形成了一个圆弧底的底部图形，一旦价格上破将气势如虹。再加上 MACD 金叉，说明进场的时候到了，未来至少会涨 30%（三角整理目标价位）。

之后不是上涨 30%，而是 40%。只用了大约 10 个交易日。

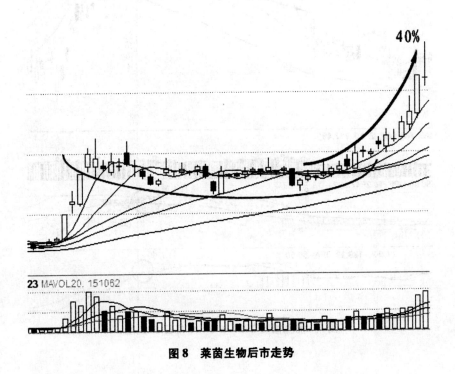

图 8　莱茵生物后市走势

第六章

在图 9 中，警示信号简直太多了。首先，在黑色竖线之前，价格触及上升通道和布林带上轨，说明至少要回调到上升通道下轨的位置，这就是最佳卖出点。但在回调过程中，弱势被连环触发：首先，MACD 在上冲的时候连一个金叉都打不出来，说明指标十分孱弱；其次，价格在 2 个月内首次跌破布林带中轨，上升行情引擎熄火；最后，价格跌破了支撑其上涨的上升趋势线和 30 日平均线，行情全面转空，未来大跌简直是情理之中的事。

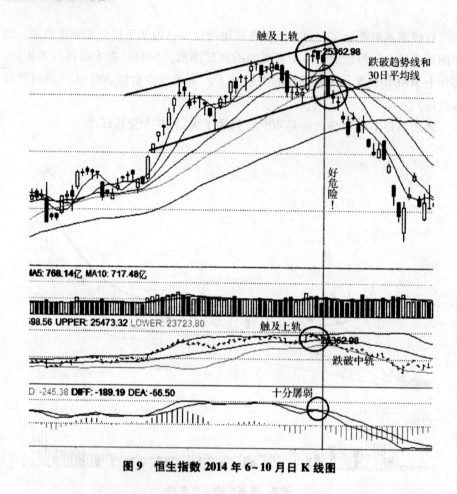

图9 恒生指数 2014 年 6~10 月日 K 线图

第七章

在图 10 和图 11 中，都重复着同一个模式：一个阶段的上升之后达到高点 A，之后在 B 处略虚破 30 周移动平均线，受到支撑再次反弹到 C 点（均低于 A 点），再往后就是一系列下跌到达点 D。如能准确把握，很容易就能逃离熊市中的四轮下跌，为接下来的牛市攒足弹药。

图10　上证指数 2009 年 5 月~2011 年 10 月周 K 线图

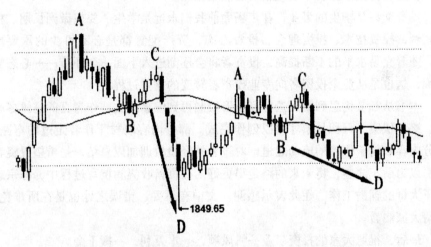

图11　上证指数 2012 年 12 月~2014 年 5 月周 K 线图

结 束 语

作者不喜欢对技术分析进行生搬硬套，也不愿去犯盲人摸象的错误，故通过一系列自身经验和教训总结成了这本书，希望能对投资者有所启发，也希望投资者能够在技术分析中发现新的起点和疆域。

投资交易是毕生的事业，在市场面前我们永远是学生。要想做到长期、稳定获利，投资技术、投资理念、投资心态、资产配置都是必不可少的重要环节。随着交易水平的不断提高，投资者将会逐渐进入下面一个环节——心态的修炼，这也是从业余投资者向专业投资者转变的重要过程。

本书从章节构思到案例选择到图形绘制再到编纂成文，作者真的是倾尽心力、终日伏案、日积月累才得以创作完成。部分内容取材于作者走过的弯路，部分内容取材于作者的成功之道。对过去的经验教训加以总结，是希望投资者能引以为前车之鉴，将未来的路走得更好。在资料收集和撰写过程中，陈宗志做了大量的辅助工作，在此表示感谢。文中有不妥、错误之处也是在所难免，敬请大家赐教。

最后，祝愿大家的投资事业一帆风顺、一本万利、一攫千金。

作 者

2015 年 5 月于北京